COMPRENDRE
LA LITTÉRATURE

VICTOR HUGO

Les Misérables

Étude de l'œuvre

© Comprendre la littérature.

1 rue Honoré - 93500 Pantin.

ISBN 978-2-7593-1336-5

Dépôt légal : Novembre 2021

Impression Books on Demand GmbH

In de Tarpen 42

22848 Norderstedt, Allemagne

SOMMAIRE

- Biographie de Victor Hugo.. 9

- Présentation des *Misérables*.. 17

- Résumé du roman.. 21

- Les raisons du succès... 71

- Les thèmes principaux.. 75

- Étude du mouvement littéraire... 81

- Dans la même collection.. 87

BIOGRAPHIE DE VICTOR HUGO

Victor Hugo naît le 26 février 1802 à Besançon. Il est le fils benjamin du général d'Empire Joseph Léopold Sigisbert Hugo et de Sophie Trébuchet. Il a deux grands frères, Abel Joseph Hugo et Eugène Hugo.

Il passe son enfance principalement à Paris, malgré de fréquents séjours à Naples et en Espagne, suivant les affectations de son père. On le retrouve donc en 1811 pensionnaire dans une institution religieuse de Madrid, avec son frère Eugène.

Ses parents se séparent en 1813, et il emménage à Paris avec sa mère. En 1815, il entre avec son frère à la pension Cordier. C'est durant cette période que Victor Hugo composera ses premiers poèmes, apprenant la versification en autodidacte. Sa vocation est précoce et son ambition déjà bien arrêtée : il note sur un journal, à quatorze ans, cette phrase devenue célèbre : « Je veux être Chateaubriand ou rien. »

Il participe l'année suivante à un concours de poésie organisé par l'Académie française, et manque de rafler le prix pour une raison singulière : son poème intitulé *Trois lustres à peine* fait croire à un canular, en raison de l'âge de l'auteur. Il reçoit une mention. Il connaît cependant des fortunes plus avantageuses à des concours de poésie en 1819 et 1820.

Encouragé par ces succès, le jeune Victor se décide pour la carrière littéraire, et abandonne les mathématiques pour lesquelles il avait de sérieuses aptitudes. Il fonde avec ses deux frères en 1819 une revue appelée *Le Conservateur littéraire* et publie deux ans plus tard son premier recueil de poèmes, *Odes*, qui s'écoule à mille cinq-cents exemplaires en quatre mois. Le roi Louis XVIII en a un exemplaire et lui octroie une pension annuelle de mille francs.

Très proche de sa mère, il est profondément affecté par son décès le 27 juin 1821. Il épouse l'année suivante, le 12 octobre 1822, Adèle Foucher, une amie d'enfance, qui lui donnera cinq enfants : Léopold, Léopoldine, Charles,

François-Victor et Adèle. Seule cette dernière survivra à son père, malgré un état mental très tôt défaillant. Suite à ce mariage, son frère Eugène sombre dans la schizophrénie et est enfermé jusqu'à sa mort en 1837.

Il rencontre la même année Charles Nodier avec qui il entretient une véritable amitié jusqu'aux années 1827-1830, date à laquelle ce dernier devient très critique envers l'œuvre de Hugo. Les années 1820 verront également la participation du jeune écrivain aux réunions du Cénacle à la bibliothèque de l'Arsenal, berceau du romantisme, et son renouement avec son père avant sa mort en 1828.

Il publie l'année précédente la pièce *Cromwell*, dans la préface de laquelle il définit le drame romantique et s'oppose aux conventions classiques.

Le couple Hugo reçoit beaucoup, côtoie de grands noms du siècle : Sainte-Beuve, Lamartine, Mérimée, Musset, Delacroix, et va souvent séjourner au Château des Roches à Bièvres, chez Bertin l'Aîné, directeur du *Journal des débats*. Ils y rencontrent entre autres Berlioz, Liszt et Chateaubriand. Hugo continue la poésie et publie en 1829 le recueil *Les Orientales*, puis *Le Dernier Jour d'un condamné* la même année. *Notre-Dame de Paris* paraît en 1831, puis *Claude Gueux* en 1834.

Il consacre les années suivantes, jusqu'en 1843, presque exclusivement au théâtre. Parmi les nombreuses pièces créées et montées durant cette période, on peut évidemment s'attarder quelque peu sur *Hernani* (1830), dont la première donne lieu à la « bataille d'Hernani », symbole de l'opposition entre classiques et romantiques, fondatrice du renouveau littéraire du XIXe siècle.

Hugo rencontre l'actrice Juliette Drouet en 1833. Elle devient sa maîtresse, et lui consacrera sa vie. Cette même année voit *Lucrèce Borgia* et *Marie Tudor* montées au Théâtre de la Porte-Saint-Martin. En 1836, Hugo crée avec Alexandre Dumas le théâtre de la Renaissance, consacré au drame romantique et où sera donné, en 1838, *Ruy Blas*.

Trois ans plus tard, Victor Hugo est reçu à l'Académie française après trois tentatives infructueuses dues essentiellement à l'opposition d'académiciens farouchement opposés au mouvement romantique.

L'année 1843 est une année fatale pour Hugo. Sa pièce *Les Burgraves* n'obtient pas le succès escompté et, le 4 septembre, sa fille Léopoldine et son mari Charles Vacquerie se noient tragiquement dans la Seine, à Villequier. Hugo apprend la nouvelle par les journaux ; il est en voyage dans les Pyrénées avec Juliette Drouet. À partir de cette date et jusqu'à son exil en 1851, Hugo ne produit plus rien de concret, mais reste profondément affecté par la mort de sa fille, qui lui inspire plusieurs poèmes des *Contemplations*.

Il occupe alors cette décennie par son action politique. Il est, à partir de 1844, le confident de Louis-Philippe, puis il devient Pair de France l'année d'après. Élevé dans l'esprit du royalisme, Hugo n'en est pas moins un démocrate convaincu, hostile à la peine de mort et favorable au retour des bannis, qu'il défend dans un discours en 1847. Il est nommé maire du huitième arrondissement au début de la Révolution de 1848, et commande les troupes opposées aux insurgés. Il soutient la candidature de Louis-Napoléon Bonaparte, élu président en décembre de cette même année. En 1849, il est élu à l'Assemblée législative et prononce son *Discours sur la misère*. Petit à petit, ses anciens amis politiques deviennent des ennemis car il s'oppose à leur politique réactionnaire.

Après le coup d'État du 2 décembre 1851, dont il condamne le procédé et l'auteur, Napoléon III, Hugo s'exile volontairement à Bruxelles puis à Jersey. Il en est chassé en 1855 pour avoir critiqué la reine Victoria, et s'installe alors à Guernesey.

Cette période d'exil est très féconde : il publie notamment *Les Châtiments* (1853), *Les Contemplations* (1856), *La Légende des siècles* (1859) et *Les Misérables* (1862).

Hugo rentre en France en septembre 1870 et reçoit un accueil triomphal de la part des Parisiens. Il participe activement à la défense de la ville assiégée. Après une brève apparition à l'Assemblée nationale où il est élu le 8 février 1871 avant d'en démissionner un mois plus tard, il retourne à Bruxelles régler la succession de son fils Charles. De Belgique, il assiste à la révolte et à la répression liée à la Commune, et se retrouve expulsé pour avoir trop vivement affirmé son mécontentement. De retour en France à la fin de cette même année, il est battu aux élections complémentaires du 7 janvier 1872 par Joseph Vautrain.

Il retourne cette même année à Guernesey où il écrit le roman *Quatrevingt-treize*.

Il rentre à Paris l'année suivante et se consacre à l'éducation de ses petits-enfants Georges et Jeanne. Il reprend des activités mondaines, et reçoit les hommes politiques et de lettres de l'époque : les Goncourt, Lockroy, Clemenceau, Gambetta... Il est élu sénateur le 30 janvier 1876 et s'oppose à Mac Mahon quand celui-ci dissout l'assemblée.

Il est victime d'un malaise en 1878 et part pour quatre mois à Guernesey. Son mauvais état de santé sonne le glas de son activité d'écriture, toutefois de nombreuses et régulières publications de poèmes antérieurs contribueront à entretenir sa légende jusqu'à sa mort.

Il décède le 22 mai 1885 dans son hôtel particulier de l'actuelle 124 avenue Victor-Hugo. Selon la légende, ses derniers mots auraient été : « Ceci est le combat du jour et de la nuit... Je vois de la lumière noire. »

La jeune troisième République décrète des funérailles nationales, et son cercueil est exposé une nuit entière sous l'Arc de triomphe, où plus d'un million de personnes viennent lui rendre hommage, avant d'être transféré à l'église Sainte-Geneviève, transformée dès lors en Panthéon. Le cortège funéraire s'étire sur plusieurs kilomètres, Victor Hugo est alors l'écrivain le plus populaire de son temps, et est considéré depuis plusieurs années déjà comme un pilier de la littérature française.

PRÉSENTATION DES MISÉRABLES

Les Misérables paraît pour la première fois chez Lacroix à Bruxelles à partir du 30 mars 1862, et à Paris à partir du 3 avril. Corrigée par Hugo, l'édition belge sert de modèle pour l'édition dite « *ne varietur* » de 1881. L'édition Ollendorf, dite « de l'Imprimerie nationale » et datant de 1908-1909 contient des parties laissées inédites.

Hugo a l'idée d'une grande fresque sociale dès 1828, dans la continuité du *Dernier jour d'un condamné* (1829) et de *Claude Gueux* (1834), solides réquisitoires contre la peine de mort. Mais c'est en 1845, suite à l'incarcération de sa maîtresse Léonie Briard après constatation par son mari de flagrant délit d'adultère avec le poète, que Victor Hugo, selon Sainte-Beuve, se retire chez lui et entreprend la rédaction des *Misères* dont le personnage principal se nomme Jean Tréjean. Il interrompt sa rédaction, complétée aux quatre cinquièmes, en 1848 en raison de la Révolution, puis la reprend douze ans plus tard pendant son exil à Guernesey. Révisé de septembre 1861 à avril 1862, *Les Misérables* constitue alors pour Hugo un travail capital : « Ma conviction est que ce livre sera un des principaux sommets, sinon le principal, de mon œuvre. » (Lettre à son éditeur, mars 1862)

Roman historique, social et philosophique, *Les Misérables* regroupe les idéaux du romantisme et ceux de l'auteur concernant la nature humaine. Le but principal de Victor Hugo est de dénoncer les inégalités sociales existantes dans la France d'alors, laissant de nombreuses personnes sans logement et sans nourriture. Le titre résume parfaitement cette condition, et l'on comprend que d'abstraction, *Les Misères*, il soit devenu personnification, *Les Misérables*, pour plus d'impact et plus de sens. Hugo définit d'ailleurs ce mot, employé pour nommer l'indicible, dans une phrase du livre huitième de la troisième partie : « Il y a un point où les infortunés et les infâmes se mêlent et se confondent dans un seul mot, mot fatal, les misérables ; de qui est-ce la faute ? »

Maintes fois adapté au cinéma et à la télévision, ce roman-fleuve, véritable épopée sociale, est l'une des œuvres les plus populaires de la littérature française. *Les Misérables* a connu, et connaît toujours, un rayonnement mondial.

RÉSUMÉ DU ROMAN

Les Misérables se compose de cinq parties divisées en plusieurs livres eux-mêmes divisés en différents chapitres. Dans un souci de clarté et de concision, nous donnerons, de la façon la plus complète possible, les résumés des différents et nombreux livres, sans entrer dans le détail des chapitres.

Première partie : Fantine

Livre premier : Un juste

Ce premier livre dresse le portrait de M. Charles-François-Bienvenu Myriel, devenu évêque de Digne après avoir dit un mot de sa grandeur à Napoléon. Ce bon homme vit, en cette année 1815, avec sa sœur Mademoiselle Baptistine et sa servante Madame Magloire. Ses constantes bonnes œuvres envers les pauvres augmentent sans cesse sa popularité et lui valent vite le surnom affectueux de Monseigneur Bienvenu. Il parcourt, la plupart du temps à pieds ou à dos d'âne, les rudesses du paysage montagneux à la rencontre des gens du pays. Son immense confiance en l'homme et en Dieu lui font parfois courir certains dangers, comme lors de l'épisode concernant le bandit « cravatte », qui s'avère finalement ne pas être un mauvais bougre puisqu'il rend au bon évêque une grande partie du trésor dérobé à la cathédrale d'Embrun. Il accompagne également un condamné à mort sur l'échafaud et va entendre les derniers mots d'un ermite, mis au ban de la société pour son passé régicide. Malgré son antipathie affichée pour Napoléon, ses ouailles l'aiment autant qu'ils adorent l'Empereur. On pourrait, en reprenant un passage du chapitre IV, résumer ainsi sa doctrine : « Être un saint, c'est l'exception ; être un juste, c'est la règle. Errez, défaillez, péchez, mais soyez des justes. »

Livre deuxième : La chute

Un homme inquiétant arrive à Digne à la tombée du jour. Il est grand, fort et sale. On lui refuse l'abri et le couvert partout, à l'auberge comme au cabaret. Épuisé, il finit par s'allonger sur un banc de pierre, à côté de l'église. Une bonne dame, s'inquiétant pour lui, lui indique la porte de l'évêque.

Le bon ecclésiastique, alors qu'il allait se mettre à table, entend frapper à la porte. Il ordonne d'entrer. L'étranger pénètre à l'intérieur et sans préambule fait la déclaration suivante : il se nomme Jean Valjean, il sort de bagne où il a passé dix-neuf années, il se rend à pieds à Pontarlier, il est épuisé, a faim et besoin d'un gîte pour dormir avant de reprendre sa route. Monseigneur Bienvenu accepte tout simplement, à la grande surprise du bagnard, et sort même pour l'occasion ses couverts en argent.

On apprend que Jean Valjean était un pauvre émondeur de la Brie. Ayant perdu ses parents très jeune, il vivait avec sa sœur et ses sept enfants, et travaillait honnêtement pour nourrir cette petite famille. Un jour qu'ils étaient dans le plus extrême besoin, il cassa le carreau d'une boulangerie pour voler un pain. Il fut arrêté, et condamné à cinq ans de bagne à Toulon, qui devinrent dix-neuf ans suite à plusieurs tentatives d'évasion infructueuses. À son sortir du bagne, alors âgé de quarante-six ans, Jean Valjean a perdu tout sentiment généreux, et hait la société qu'il reconnaît comme coupable de son état.

Au milieu de la nuit, il se réveille, et songe à voler les couverts d'argent et à s'enfuir. Dans un premier temps ébloui par la vertu qui se dégage du vieil évêque, il hésite, puis se saisit finalement de l'argenterie et quitte la maison.

Au matin, alors que la maisonnée constate le vol de la nuit, les gendarmes se présentent à la porte, amenant avec eux Jean

Valjean. L'évêque affirme aux gendarmes qu'il a donné de bonne volonté l'argenterie au coupable, et il lui offre même ses deux chandeliers en argent, tout en signifiant aux agents de laisser l'homme libre de ses mouvements. Celui-ci, effaré, après que l'évêque lui a rappelé qu'il se devait à présent de faire le bien, s'enfuit. Il croise dans la forêt un garçon nommé Petit Gervais à qui il vole sans vraiment y penser sa pièce de quarante sous. À la tombée de la nuit, il réalise son geste et la vertu immense de l'évêque, et fond en larmes pour la première fois depuis son entrée au bagne.

Livre troisième : En l'année 1817

Le premier chapitre de ce livre dresse une liste non-exhaustive mais qui se veut la plus complète possible des particularités, qu'elles soient politiques, littéraires, artistiques, sociales, de l'année 1817. On y croise Chateaubriand et *La Méduse*, Nodier et *La Minerve*. Il s'agit de donner en résumé l'esprit de cette année.

On suit après cela les aventures, le temps d'un dimanche, de huit jeunes gens, quatre étudiants parisiens et leurs maîtresses respectives. Félix Tholomyès, de Toulouse, Listolier de Cahors, Fameuil de Limoges et Blachevelle de Montauban. Les quatre jeunes filles sont Favourite, Dahlia, Zéphine et Fantine, la plus jeune.

On suit la journée de ces deux quatuors, commencée à cinq heures du matin par une partie de plaisir au parc de Saint-Cloud. Les jeunes gens y batifolent, y dînent puis rentrent à Paris où les jeunes dames réclament, après un copieux repas bien arrosé, leur surprise promise. Les quatre jeunes gens quittent le restaurant bras dessus bras dessous, faisant signe à leurs amies. Une heure plus tard, le garçon apporte une lettre à ces dames : les quatre étudiants sont rentrés dans leur famille, et disent de cette manière adieu à leurs aimées, qui trouvent cela très amusant et de très bon goût. Seule Fantine, dans le secret de sa chambre, pleure son premier amour, le noble Félix Tholomyès, qui lui a laissé un enfant.

Livre quatrième : Confier, c'est quelquefois livrer

Devant une auberge de Montfermeil appelée « Au sergent de Waterloo », une mère regarde ses deux petites filles, âgées d'environ dix-huit mois et deux ans et demi, s'amuser avec la chaîne de l'avant-train d'un fardier. Arrive une paysanne à l'air pauvre, accompagnée de sa petite fille du même âge que la plus grande des deux citées plus haut. Il s'agit de Fantine, et de sa fille Cosette.

Voilà dix mois que Félix est parti, et Fantine, ayant perdu à son contact l'habitude de travailler, se trouve bien démunie. Elle est sur le chemin de sa ville natale et espère y trouver du travail, mais est encombrée de cet enfant illégitime. Elle demande donc à cette mère si elle accepterait de prendre Cosette chez elle, moyennant finance. Le mari, qui a entendu la conversation, convient d'un arrangement. Fantine viendra récupérer sa fille quand elle en aura les moyens. Voilà Cosette adoptée par les Thénardier.

Après quelques années, Fantine envoyant de moins en moins d'argent, les Thénardier se croient dans leur bon droit en exploitant honteusement l'enfant, qui mange avec le chien et le chat sous la table dans une écuelle de bois. Cosette a cinq ans, et elle est à présent la servante de la maison.

Livre cinquième : La descente

Après avoir laissé Cosette aux Thénardier, Fantine arrive dans sa ville de Montreuil-sur-Mer. En dix ans ce lieu a bien changé, et prospère depuis environ deux ans grâce à l'arrivée d'un homme modeste nommé Madeleine qui y a implanté son usine. Ce bon M. Madeleine est une excellente âme, toujours prêt à rendre service et à aider les plus démunis. D'abord regardé avec soupçon par les habitants de la ville, il est finalement révéré par tous, car on ne peut décidément lui trouver que des vertus.

On retrouve ce même homme en deuil après la mort de l'évêque de Digne, relayée par les journaux. Il s'avère en fait que M. Madeleine avait été laquais de Monseigneur Bienvenu.

Nous est présenté alors un nouveau personnage, M. Javert, chef de la police. Il est décrit comme un homme sombre et effrayant, n'ayant pour seul morale que la justice de son pays, et une haine inextinguible envers le peuple tsigane.

L'occasion d'un accident de charrette confrontera Javert à M. Madeleine, entre-temps devenu, après avoir refusé plusieurs fois, maire de la ville. Il s'agit de soulever la voiture tombée à la renverse sur le pauvre Fauchelevent, prodige de force réalisable selon Javert uniquement par un homme qu'il a autrefois connu au bagne de Toulon. M. le maire, pourtant, accomplit l'exploit avec succès.

Cependant, Fantine, qui avait trouvé du travail dans l'usine de Madeleine, est de plus en plus ponctionnée par les Thénardier, qui ne voient en elle que le moyen de s'enrichir, sans jamais en faire profiter Cosette. Sa correspondance avec les Thénardier est découverte par une femme de l'atelier qui, par curiosité malsaine, va jusqu'à Montfermeil et révèle par la suite l'existence de la fille illégitime. Elle s'occupe par la suite de faire renvoyer Fantine au moyen d'une fausse lettre du maire demandant son départ. Démunie, elle vend alors successivement ses cheveux, ses deux dents de devant et finalement son corps entier pour payer ses dettes.

La pauvre femme est arrêtée par Javert pour s'être battue avec un bourgeois qui l'avait humiliée, et est condamnée à six mois de prison. Désespérée, elle est finalement sauvée par le maire (qu'elle croit être l'auteur de ses malheurs et qu'elle déteste) qui s'oppose à Javert, en vertu de la loi, et promet à Fantine de s'occuper d'elle et de sa fille désormais.

Livre sixième : Javert

M. Madeleine fait installer Fantine chez lui, et fait venir le docteur. Celui-ci lui confie que la pauvresse n'en a plus pour bien longtemps. Il se fait alors un devoir de ramener Cosette à sa mère, et envoie plusieurs lettres dans ce sens aux Thénardier, accompagnées de sommes d'argent censées combler les dettes de la mère. Mais les Thénardier, sentant la vache à lait, gardent la petite, prétextant une maladie ou le danger du trajet.

À cette même période, Javert se présente chez le maire pour lui demander sa destitution, au prétexte qu'il a gravement fauté en lui manquant de respect lors de l'épisode précédent concernant Fantine. De plus dit-il, il a dénoncé le maire comme étant un ancien bagnard de sa connaissance nommé Jean Valjean, mais a fauté là aussi car le vrai Jean Valjean, qui s'est fait appeler Champmathieu, a été arrêté dans le même temps et reconnu par quatre personnes, dont Javert lui-même. Étonné mais impressionné par l'honnêteté de Javert, M. Madeleine consent à réfléchir à cette destitution, bien qu'il souhaite conserver au policier ses fonctions.

Livre septième : L'affaire Champmathieu

M. Madeleine, qui est en fait Jean Valjean, se livre à une difficile et longue réflexion.

Il est tiraillé entre l'idée d'aller assister au procès de ce Champmathieu à Arras et de dévoiler sa réelle identité pour éviter la condamnation de l'innocent, et celle de laisser faire le sort et de continuer sa vie tranquille et ses bonnes œuvres. Il a auparavant convenu de la location d'un cheval et d'un petit tilbury avec un dénommé Scaufflaire. Après une effroyable nuit, passée pour sa première partie à réfléchir et à mettre au feu les affaires de bagnard qu'il avait conservées, et pour sa seconde partie dans un affreux cauchemar, Jean Valjean décide finalement de se rendre à Arras, au moins pour assister au procès de ses propres yeux. Il décidera une fois sur place et selon son impression.

Le voyage se passe difficilement, en raison de problèmes mécaniques et du mauvais temps ; celui-ci prendra quatorze heures au lieu des six prévues originellement.

Pendant ce temps, Fantine, qui est toujours très malade, demande où est M. Madeleine, qui n'est pas venu la voir à l'heure habituelle. Apprenant que celui-ci est parti, elle se persuade qu'il est allé chercher Cosette. Le docteur constate quelque temps après et avec surprise une nette amélioration de son état de santé, et confie aux religieuses qui s'en occupent que si par bonheur M. le maire revenait avec sa fille, Fantine pourrait bien survivre à sa terrible maladie.

Arrivé à la tombée de la nuit à Arras, Jean Valjean trouve finalement la cour d'assises, et parvient à obtenir d'assister au procès en sa qualité de maire renommé. Après avoir longuement hésité, et aux vues de la décision que s'apprête à rendre le jury, dans un ultime coup de théâtre, il se révèle à l'assistance comme étant le vrai Jean Valjean, et demande à ce qu'on relâche l'innocent Champmathieu. D'abord incrédule et le pensant fou, le président de la cour est finalement convaincu par la connaissance que Jean Valjean affiche des trois témoins, avec qui il était au bagne de Toulon. Il quitte la salle d'audience en affirmant se tenir à la disposition de la justice, maintenant qu'elle sait qui il est réellement et donc où elle peut le trouver. Champmathieu quant à lui, hagard, est libéré.

Livre huitième : Contrecoup

De retour chez lui, Jean Valjean prend des nouvelles de Fantine. Sœur Simplice, dont le trait de caractère principal est l'incapacité à mentir, lui indique l'évènement de la veille. Il se rend alors dans la chambre de la malade, se sachant pressé par le temps. Les premiers mots de Fantine sont pour Cosette ; elle demande à la voir, étant persuadée que le maire est revenu avec elle. Le médecin vient alors en aide à Jean Valjean en déclarant à Fantine qu'elle est encore trop agitée pour la voir. Celle-ci, entendant des cris d'enfants dans la cour, s'imagine qu'il s'agit de Cosette et se tranquillise. Mais soudain son visage change d'expression : Javert se tient dans l'embrasure de la porte.

L'inspecteur jubile, il vient arrêter le faux M. Madeleine, qu'il avait reconnu dès le départ comme étant Jean Valjean. Ce dernier se laisse arrêter, et Fantine, bouleversée, apprend brutalement et dans le même temps de la bouche de Javert l'imposture de son bienfaiteur et l'absence de Cosette. Après ce dernier sursaut, elle retombe, morte, sur le lit, après que sa tête en a heurté le chevet.

Après un moment de recueillement auprès de la pauvre femme, Valjean se laisse emmener par Javert, triomphant, à la prison de la ville.

Le soir même, Valjean, qui s'est évadé en cassant un barreau, retourne chez lui prendre quelques affaires. Assisté de sa portière et de sœur Simplice, il laisse pour l'enterrement de Fantine et pour les pauvres les deux chandeliers en argent de l'évêque. Javert arrive alors, accompagné de deux soldats. Valjean a à peine le temps de se cacher derrière la porte que ce dernier ouvre. Face à face avec sœur Simplice en prière, il lui demande malgré son profond respect pour l'autorité religieuse si Valjean est passé par là. Celle-ci lui affirme que non.

Javert quitte les lieux, et Valjean, quelques heures après, part à travers bois, vêtu d'une blouse. Fantine est enterrée avec les pauvres dans la fosse commune.

Deuxième partie : Cosette

Livre premier : Waterloo

Dans ce premier livre de la deuxième partie, l'auteur fait faire au lecteur un bond dans le temps.

Il dépeint ce qu'est à présent le champ de bataille de Waterloo, et plus particulièrement la ferme d'Hougomont. De ce lieu à présent calme et verdoyant, l'auteur replonge dans le passé, ce 18 juin 1815, et fait le récit chronologique et avec force détails des péripéties, des chiffres et des héroïsmes qui firent cette célèbre bataille et la fin de Napoléon.

Le dernier chapitre de ce livre montre un rôdeur dépouillant les morts sur le champ de bataille, le soir même de l'affrontement. Celui-ci est alors arrêté par un officier encore en vie et qu'il vient de voler. L'officier reprenant connaissance, il remercie celui qu'il croit être son sauveur et veut lui offrir sa bourse et sa montre ; le voleur les a déjà prises. Les deux hommes échangent alors leurs noms : l'officier s'appelle Pontmercy ; le voleur, un soldat français, se nomme Thénardier.

Livre deuxième : Le vaisseau l'Orion

Jean Valjean a été repris, et est maintenant à nouveau forçat au bagne de Toulon, sous le numéro 9430. Les journaux ayant relayé son arrestation et son envoi au bagne précisent qu'il n'échappa à la condamnation à mort que par la grâce du roi, qui commua son exécution en travaux forcés à perpétuité. Il est précisé que Jean Valjean avait précédemment réussi à retirer de chez Laffitte une impressionnante somme d'argent, du reste honnêtement gagnée par lui en tant que M. Madeleine.

Il est raconté au lecteur que dans la période précédent son arrestation, un homme fut aperçu aux alentours de Montfermeil par un vieux cantonnier nommé Boulatruelle, connaissance de M. Thénardier, qui avait été au bagne. Cet homme aurait enterré dans la forêt avoisinante une boîte pouvant contenir un trésor, toujours selon Boulatruelle, mais il ne put la trouver, malgré ses efforts. On oublia vite cette histoire.

Assigné à des travaux sur le vaisseau de guerre l'*Orion*, Jean Valjean, avec l'accord de ses gardiens, se libère et sauve la vie d'un matelot qui allait tomber. Alors qu'il revient en courant vers son poste, il paraît hésiter, puis tombe à l'eau, entre deux navires, dont l'*Orion*. On ne retrouvera pas son corps, et les journaux en date du 17 novembre 1823 annoncent la mort du bagnard numéro 9430 nommé Jean Valjean.

Livre troisième : Accomplissement de la promesse faite à la morte

Cosette, qui occupe toujours, du haut de ses huit ans, le rôle de servante chez les Thénardier, est chargée hiver comme été, de jour comme de nuit, d'aller chercher l'eau au puits qui se trouve dans la forêt à quelques dix minutes de marche de la ville. Or un soir, un voyageur vient à manquer d'eau pour son cheval, et la Thénardier envoie Cosette en chercher. Malgré la peur du noir qui la tenaille, la petite fille parvient jusqu'au puits et remplit le seau. Alors qu'elle s'évertue à rentrer à l'auberge, un voyageur se saisit du seau et l'accompagne. Il compte s'arrêter à l'auberge.

Une fois rentrée, Cosette se voit comme à son habitude maltraitée par la Thénardier. Le voyageur lui vient en aide à plusieurs reprises, allant jusqu'à lui offrir la poupée à quarante sous qu'elle contemplait dans la boutique voisine. Écumante de rage, la Thénardier se soumet pourtant devant la richesse de l'inconnu, et les perspectives d'enrichissement qu'il lui laisse entrevoir.

Le lendemain, le voyageur demande à prendre Cosette avec lui. Après négociation avec le Thénardier, il l'emporte pour mille cinq-cents francs, montant de la dette des Thénardier. Le voyageur sort alors d'un paquet des habits de deuil pour Cosette, la vêt et cet étrange équipage s'en va.

Cependant le Thénardier, sur une remarque de sa femme, sent qu'il aurait pu obtenir plus, et se lance à la poursuite des deux personnages. Les ayant rattrapés, il fait valoir à l'homme qu'il tient à cette enfant, et qu'il a besoin d'une autorisation écrite de sa mère pour la laisser aller. L'homme produit le document, fait remarquer qu'il a déjà payé bien plus que ce qu'il devait, prend Cosette par la main et s'en va. Thénardier les suit jusqu'à croiser le regard menaçant du voyageur qui s'est retourné.

On l'a compris, ce voyageur est Jean Valjean. Il a réussi à s'évader du bagne à la faveur de sa chute du livre précédent, et après plusieurs haltes d'un chemin difficile à suivre, il est venu à Montfermeil accomplir la promesse qu'il avait faite à Fantine mourante.

Livre quatrième : La masure Gorbeau

Jean Valjean a loué pour six mois à une vieille locataire principale l'étage d'une vieille masure ayant autrefois été habitée par un procureur nommé Corbeau qui changea, pour faire cesser les moqueries, son nom en Gorbeau. Le quartier, en bordure de Paris, est un quartier pauvre.

Toutefois Jean Valjean et Cosette s'y sentent à merveille, et les semaines passent dans la joie et l'insouciance. Cosette considère Valjean comme son père, et celui-ci la considère comme sa fille.

Cependant Valjean se doit d'être méfiant. Il ne sort que le soir pour une promenade ou pour aller à l'église avec Cosette. Lors de ces promenades, il donne bien volontiers aux mendiants. Un jour qu'il plaçait dans la main d'un mendiant « résidant » devant l'église une pièce d'argent, ce dernier lève la tête et le regarde fixement quelques secondes. Valjean est pétrifié, il croit avoir reconnu Javert. Le lendemain, il retourne voir le mendiant et se rassure en constatant qu'il s'est trompé.

Mais la vieille dame semble avoir des soupçons, et pour cause, Valjean l'a envoyé changer pour lui un billet de mille francs. Un soir, il entend des pas dans l'escalier et le couloir. N'ayant pas dormi de la nuit suite à cet inquiétant événement, il regarde au petit matin par la serrure, après avoir entendu à nouveau des pas. Il aperçoit de dos une physionomie et des vêtements qu'il connaît bien : ce sont ceux de Javert.

Il apprend quelques heures après que cette silhouette est celle d'un dénommé Dumont ou Daumont, un nouveau locataire, rentier comme lui selon la vieille principale.

Le soir venu, il réunit quelque argent, faisant au passage tomber une pièce de cent sous avec fracas, prend Cosette par la main et sort.

Livre cinquième : À chasse noire meute muette

Jean Valjean et Cosette quittent la masure Gorbeau et se

lancent de nuit dans les rues de Paris. Slalomant et zigzagant pour semer leurs poursuivants, ils parviennent à se cacher un moment à leur vue en s'embusquant sous une porte donnant sur un carrefour. Les quatre hommes à leurs trousses s'y arrêtent en pleine clarté, et Jean Valjean reconnaît de façon certaine Javert.

La course-poursuite continue et s'intensifie, Valjean double le pas et prend Cosette, fatiguée, sur son dos. Les voilà forcés de prendre le pont d'Austerlitz, vivement éclairé, et de passer par l'agent de péage. Arrivé de l'autre côté du pont, Valjean se retourne pour constater que les hommes sont au début de ce même pont, sur ses traces. Il pousse alors dans le quartier délabré et la petite rue sombre devant lui.

Arrivé là et après plusieurs bifurcations, il se retrouve pris au piège : d'un côté un cul-de-sac, de l'autre, un agent de Javert posté à l'extrémité de la rue. Il arrive également à voir que Javert, fouillant tous les recoins de la rue menant à son abri provisoire, est accompagné d'une escouade de soldats. Il trouve finalement le moyen d'escalader le mur d'une vieille bâtisse et de hisser Cosette à l'aide d'une corde. Les deux fuyards se retrouvent dans un jardin, et entendent les soldats et Javert s'éloigner.

Mais Cosette commence à montrer des signes de refroidissement inquiétants ; il faut lui trouver un endroit chaud. C'est alors que Valjean aperçoit une ombre boitant dans le jardin. Il se dirige vers ce personnage pour demander asile, et tombe nez à nez avec le vieux Fauchelevent, qu'il avait lui-même envoyé là : ils se trouvent dans le couvent du Petit-Picpus. Heureux de pouvoir aider l'homme qui lui sauva la vie, Fauchelevent propose le gîte aux deux infortunés, et Cosette est bientôt dans un lit blanc auprès d'un feu.

Le dernier chapitre nous montre comment Javert, à force d'indécision, de doute et d'orgueil, a laissé échapper Valjean.

Livre sixième : Le Petit-Picpus

Dans ce livre, Hugo s'occupe avec force détails et anecdotes de décrire le couvent du Petit-Picpus, ses origines, ses mœurs, ses pensionnaires, la vie qu'on y mène, son architecture, les histoires qui s'y font. Ce livre entier ne traite que de cela, sans aucun rapport avec notre histoire, si ce n'est celui d'en savoir plus sur le lieu où Cosette et Jean Valjean ont trouvé asile, et d'expliquer certaines particularités de l'action du livre précédent.

Livre septième : Parenthèse

Ici l'auteur se livre à des réflexions profondes et personnelles sur la religion, le monachisme, la prière mis en regard de la société et de son évolution. Pour lui le monachisme tient dans l'ignorance ceux qui tendent à l'infini. L'aspect paradoxal de l'existence des couvents au XIXe siècle n'interdit pourtant pas religion et philosophie de cohabiter. Il s'agit simplement de faire la différence entre foi et loi.

Livre huitième : Les cimetières prennent ce qu'on leur donne

Parvenu dans le couvent et abrité pour l'instant par Fauchelevent, Jean Valjean doit malgré tout trouver un moyen d'y rester, ne pouvant sortir sans prendre le risque immense d'être rattrapé par Javert. De plus, il se dit que le couvent conviendrait merveilleusement à l'éducation de Cosette. Il s'en ouvre au jardinier infirme, qui a l'idée de présenter Valjean comme son frère accompagné de sa fille Cosette. L'entreprise pourrait fonctionner, mais il faut en parler avec la révérende mère, si elle accepte de trouver le moyen de faire sortir les deux infortunés.

Justement, celle-ci demande à voir Fauchelevent. Une très sainte mère est morte ce matin même, et son dernier vœu étant d'être enterrée sous l'autel de la chapelle, il faut le respecter et y pourvoir. Elle demande donc à Fauchelevent de réaliser cet acte illégal, les religieuses du couvent étant normalement inhumées dans un carré du cimetière Vaugirard. Il s'agit donc de remplir la bière fournie par la loi de terre et de l'aller enterrer à Vaugirard, alors qu'auparavant on aura placé la défunte dans son cercueil qu'on aura enseveli sous l'autel.

Fauchelevent accepte tout en parvenant à mentionner son frère et sa fille. La révérende mère, ravie du concours et de la dévotion du jardinier, accepte de voir ces deux candidats à la pension.

Alors qu'il rapporte cette conversation à Valjean et qu'il se demande encore comment faire sortir celui-ci, ce dernier se propose de prendre la place de la morte dans la bière. De cette façon il peut sortir, et assurer dans le même temps l'illusion d'un cadavre dans la bière. De plus, Fauchelevent, qui connaît bien le fossoyeur de Vaugirard, n'aura aucune difficulté à se trouver seul pour faire sortir Valjean et recouvrir lui-même de terre la bière vide. Le plan est donc arrêté, et l'on fera sortir Cosette facilement au moyen d'un panier à dos dans laquelle on la glissera, avant de l'amener attendre les deux hommes chez une amie de Fauchelevent.

Tout se passe à merveille, jusqu'à ce que celui-ci apprenne que le fossoyeur est décédé et est remplacé par un jeune Parisien. Il parvient finalement à l'éloigner, délivre Valjean qui s'était évanoui, lui causant une effroyable peur, et les deux hommes quittent le cimetière et vont récupérer Cosette.

Ils parviennent tous trois à rentrer au couvent, et Valjean, sous le nom de Ultime Fauchelevent, débute une nouvelle vie de jardinier, à l'abri, pendant que Cosette suit une éducation stricte et religieuse. Tous deux sont tout de même autorisés à se voir une heure par jour, ce qui suffit à leur joie.

Troisième partie : Marius

Livre premier : Paris étudié dans son atome

L'auteur se penche ici sur la figure du gamin des faubourgs de Paris. C'est un être gai et pauvre, en guenilles mais libre. Par l'intermédiaire de ce caractère de la scène parisienne, Hugo se plaît à décrire sa ville dans tout ce qu'elle a de particulier et de général. Il s'agit de donner une impression de l'esprit de la ville et du temps de l'action par leur plus petit représentant.

L'un de ces gamins, orphelin sans l'être car ignoré par son père et mal-aimé par sa mère, est le petit Gavroche, âgé d'à peu près onze ou douze ans. Lui vit dans la rue, et retourne de temps à autre voir ses parents qui vivent avec ses deux sœurs dans la masure Gorbeau, la même que le lecteur a déjà rencontrée dans la partie précédente. La vieille principale est morte, et a été remplacée par la mère de Gavroche.

À côté de la chambre des Jondrette, car c'est le nom que le père de Gavroche donne quand on lui demande, vit un certain jeune homme très pauvre appelé M. Marius.

Livre deuxième : Le grand bourgeois

Ce livre s'occupe de décrire le personnage de Luc-Esprit Gillenormand, vieux bourgeois de plus de quatre-vingt-dix ans. Son caractère est celui du siècle précédent, il est profondément anti-révolutionnaire. Malgré sa ruine, causée en grande partie par sa deuxième femme, M. Gillenormand garde un moral à toute épreuve et une santé de fer. Il a eu deux filles, l'une morte, la cadette, dont le mari a servi sous Napoléon et est donc à ses yeux « la honte de la famille », et l'autre, vieille fille, avec qui il vit actuellement.

Il a également un petit-fils qu'il idolâtre et que nous retrouverons par la suite.

Livre troisième : Le grand-père et le petit-fils

Ce petit-fils, c'est Marius. Alors que celui-ci termine ses études classiques, son grand-père quitte le monde pour la retraite, entouré comme on l'a vu de ses domestiques et de sa fille aînée. Marius ne sait rien de son père, et n'en veut rien savoir. Il considère que celui-ci ne l'aime pas, puisqu'il ne s'est jamais manifesté. De plus, son grand-père, dont il adopte les idées politiques favorables à la monarchie, n'en dit que du mal.

Ce que Marius ne sait pas, c'est que M. Gillenormand a demandé la garde du petit, sous peine de le déshériter. Voulant assurer un avenir confortable et sûr à son fils, l'ancien soldat, qui est en fait le colonel Pontmercy que le Thénardier avait « sauvé » le soir de Waterloo, se plia aux conditions de son beau-père. Il écrit cependant régulièrement à son fils des lettres que le grand-père fourre dans sa poche. Il aime profondément Marius, alors que celui-ci croit le contraire.

Un jour arrive une lettre qui demande à Marius de se rendre à Vernon au chevet de son père. Il s'y rend à contrecœur, mais arrive trop tard. Peu touché par le décès d'un père qu'il n'a pas connu, il reçoit cependant son testament, dans lequel ce dernier lui demande de porter le titre de baron que Napoléon lui avait donné, et où il lui demande de se rendre utile aux Thénardier. Marius apprend quelques temps plus tard, alors qu'il était allé à l'église de St Sulpice qu'il fréquentait avec sa tante étant petit, qui est vraiment son père, et l'amour que celui-ci lui témoignait. Il se lance alors dans de longues recherches sur la vie et l'époque de son père, et paraît de moins en moins souvent chez son grand-père. Il change dès lors totalement d'idée politique et voue un culte sans bornes à son géniteur, puis par son intermédiaire, à Napoléon. De monarchiste ultra il devient républicain convaincu.

Alarmé par ses absences répétées, M. Gillenormand soupçonne une amourette, et sa fille, pour en avoir le cœur net, le fait suivre par son cousin Théodule, qu'il ne connaît pas. Théodule suit Marius jusqu'à la tombe du colonel Pontmercy, mais oublie de prévenir sa tante de l'erreur dans laquelle elle et son père se trouvent.

Le vieil homme profite d'un aller retour de Marius pour faire fouiller ses affaires, et il trouve les cartes que celui-ci s'est fait faire au nom de « baron Marius Pontmercy ». Les deux hommes se fâchent, et le grand-père chasse son petit-fils.

Livre quatrième : Les amis de l'A B C

L'A B C est en fait l'*Abaissé*, c'est à dire le peuple. En cette période, une sorte de vent révolutionnaire souffle parmi la jeunesse, et un groupe de jeunes gens, étudiants pour la plupart, se réunit dans une arrière-salle du *café Musain*. Ces politiciens en herbe, ayant pour mère la République, ont pour noms Enjolras, Combeferre, Jean Prouvaire, Feuilly, Courfeyrac, Bahorel, Lesgle ou Laigle, Joly et Grantaire. Ils se réunissent régulièrement dans cette salle où est accrochée au mur une carte de la France sous la République pour fumer, boire et refaire le monde. L'auteur nous présente chacun de ces personnages dans le détail de leurs conditions de vie, de leurs origines et de leurs idées.

Un jour que Laigle, dit Bossuet, est adossé à l'entrée du

café, il remarque un cabriolet allant au pas, et parvient à lire le nom du voyageur inscrit sur son sac : Marius Pontmercy. Reconnaissant le nom de l'un de ses camarades d'école, il interpelle Marius et engage avec lui la discussion, lui révélant l'avoir couvert lors d'un appel du professeur Blondeau à l'un de ses cours où Marius était absent, et avoir de ce fait été renvoyé. Marius, confus, avoue n'avoir pas de logement. Courfeyrac sort à ce moment et lui propose de l'héberger.

Marius rencontre donc la bande du café Musain, et se lie d'amitié avec eux. Un soir de beuverie dans l'arrière-salle, il prend la parole pour défendre Napoléon. Tous quittent les lieux, sauf Enjolras, le plus éclairé de tous, qui le regarde gravement et lui dit ces mots : « Citoyen, ma mère, c'est la République. » Marius est bouleversé, et remet en question ses idées politiques. Il est dans le même temps à cours d'argent, vend ses habits et sa montre pour payer sa chambre, et refuse l'argent de sa tante, affirmant qu'il n'a besoin de rien.

Livre cinquième : Excellence du malheur

Marius a maintenant vingt ans. Il est parvenu, grâce à ses travaux de traduction, à se ménager, après l'indigence, une vie honorable de pauvre bienheureux. Ne souhaitant pas bénéficier d'une situation plus avantageuse mais qui lui ôterait sa liberté, il va jusqu'à refuser une proposition alléchante du libraire pour lequel il travaille. Il se ménage ainsi de longs instants de rêverie, et va de temps à autre voir M. Mabeuf, qu'il aime et respecte presque autant que feu son père.

Au hasard d'une de ses promenades, il tombe sur la masure Gorbeau et décide de s'y installer. Il apprend au cours d'une discussion avec la vieille principale que ses voisins qu'il ne connaît pas, le ménage Jondrette, va être mis à la porte pour une dette de loyer de vingt francs. Il en donne immédiatement vingt-cinq à la principale avec pour instruction de ne pas dévoiler son identité aux Jondrette.

Pendant ce temps, M. Gillenormand, même si son orgueil ne lui permet pas de l'avouer, s'ennuie terriblement de son petit-fils. Sa fille pense alors à remplacer Marius par Théodule, alors en station à Paris, mais le plan ne fonctionne pas, et Théodule se voit traiter d'imbécile par son grand-oncle.

Livre sixième : La conjonction de deux étoiles

Marius avait remarqué lors de ses promenades au jardin du Luxembourg un couple singulier qui se tenait sur un banc presque tous les jours à la même heure. Il s'agissait d'un homme d'une soixantaine d'années aux cheveux très blancs et d'une jeune fille d'environ quatorze ans, portant une robe noire. Les autres étudiants les avaient remarqué également et leur avaient donné les surnoms de M. Leblanc et Mlle Lanoire. Ainsi tout le monde dans le quartier les connaissaient sous ce nom.

Un jour de printemps, après avoir cessé sa promenade habituelle pendant plus de six mois, Marius se rend à nouveau au Luxembourg et croise le couple du banc : la fillette est devenue une jeune femme, et son regard sur elle change alors. Les jours suivants, il retourne faire sa promenade, sans même se rendre compte de ce qui l'attire là. Après avoir croisé le regard de la fille, qu'il trouve dès lors infiniment belle, il se rend compte de l'état piteux de son habit, et décide que dorénavant il effectuera sa promenade dans son habit neuf.

Marius, on l'a compris, est tombé amoureux de Cosette. Il ne peut dès lors s'empêcher de suivre le curieux couple, et réalise qu'il habite également la masure Gorbeau. Mais Jean Valjean a repéré Marius, sans savoir qu'il ne leur veut aucun mal. Le jeune homme demande alors à la principale locataire qui est ce M. Leblanc.

Bientôt, Marius constate la disparition du couple, et la désertion de leur chambre. Il demande alors au portier ce qu'il en est advenu: ils ont déménagé, sans laisser d'adresse.

Livre septième : Patron-Minette

Patron-Minette est le mot du langage populaire qui désigne le matin. C'est également le nom utilisé par les policiers et les bandits de Paris pour désigner l'association des quatre bandits que sont Babet, Gueulemer, Claquesous et Montparnasse. Ces quatre-là ne sortent que la nuit et vivent de méfaits tels que le vol et le meurtre.

Toute une bande de voyous leur est associée, dont l'auteur nous fait une liste comprenant Boulatruelle, le cantonnier aperçu plus tôt dans le récit.

Ces hommes composent la dernière strate de la société et en hantent les bas-fonds.

Livre huitième : Le mauvais pauvre

Marius est désespéré car il a perdu la trace de Valjean et de Cosette. Ceux-ci ne paraissent plus au Luxembourg, et ses investigations aux alentours s'avèrent vaines. Il va alors faire connaissance avec ses voisins les Jondrette, par l'intermédiaire d'un paquet échappé à l'une des deux filles alors qu'il les croise courant dans la rue. Le paquet renferme des lettres, chacune signée d'un autre nom mais étant toutes écrites de la même main. Elles sont adressées aux bonnes volontés de différents bienfaiteurs. Peu de temps après, Éponine, l'aînée des Jondrette qui sont en fait, le lecteur l'aura deviné, les Thénardier, frappe à la porte de Marius avec une lettre de son père lui demandant de renouveler ses grâces car ceux-ci sont sans le sou. Marius comprend alors que toutes ces lettres émanent de ses voisins, et remet le paquet à Éponine.

Il découvre suite à cette visite un trou dans le mur au-dessus de sa commode grâce auquel il peut observer ses voisins. S'ensuit une longue description de l'intérieur miteux des Jondrette et de l'activité du père, qui passe son temps à écrire de ces pitoyables lettres qu'on a vues plus haut. Il observe également la fébrilité et les manigances de ce dernier pour apparaître encore plus pauvres qu'ils ne le sont déjà à l'annonce de la venue d'un vieil homme qui leur fait la charité.

Celui-ci arrive accompagné d'une jeune demoiselle. Pendant sa discussion avec le Thénardier, Marius est frappé de reconnaître là Valjean et surtout Cosette, qu'il cherchait ardemment. Mais il n'est pas le seul à les avoir reconnus ; le Thénardier également les a identifiés et échafaude un plan pour capturer et dépouiller Valjean, qui doit revenir le soir même compléter sa charité. Marius, qui a suivi Valjean dans l'espoir de découvrir leur résidence, surprend par hasard une conversation entre deux malfrats, que le lecteur reconnaît comme étant des hommes de Patron-Minette. Il flaire une mauvaise affaire et en aura la confirmation une fois de retour chez lui, où il entendra le Thénardier dire à sa femme ses plans et qui étaient leurs visiteurs.

Marius décide alors d'aller voir la police et de prévenir l'inspecteur. Celui-ci est absent, mais un homme à la fois inquiétant et rassurant le remplace : c'est Javert. Il lui confie ce qu'il sait et ce qu'il soupçonne, et Javert confie à Marius deux pistolets de poing avec lesquels il a pour mission de le prévenir, lui et ses hommes, du moment propice à leur intervention.

De retour chez lui, Marius se poste à sa commode et observe le déroulement du guet-apens. Valjean vient comme prévu faire sa visite. Au cours de la discussion, Valjean se rend compte de l'arrivée, petit à petit, d'hommes robustes dans la pièce : bientôt, Patron-Minette au complet est réuni. Une fois que le Thénardier se sent assez rassuré par la présence des bandits, il se dénonce à Valjean et exige deux-cent mille francs. Marius, qui assiste à la scène, ne sait quel parti prendre, puisque le testament de son père demande qu'il fasse tout le bien possible aux Thénardier. Après quelque lutte, Valjean, attaché au lit, écrit sous la dictée une lettre à Cosette, où il lui demande de venir. Cela fait partie du plan de Thénardier qui compte l'utiliser comme otage pour obtenir de Valjean ce qu'il veut. Marius est alors sur le point d'intervenir, mais se ravise. La Thénardier va à l'adresse indiquée par Valjean porter la lettre, mais revient bredouille : il avait donné une fausse adresse. Cela lui a laissé le temps de se défaire de ses liens et il tente alors de s'enfuir par la fenêtre. Il n'y parvient cependant pas, et il faut finalement l'intervention de Javert et de sa troupe pour arrêter les Jondrette et Patron-Minette au complet, hormis Montparnasse, resté causer avec Éponine. Valjean quant à lui a profité de la confusion qui s'en est suivi pour s'esquiver par la fenêtre, sans que personne ne le remarque, au grand dépit de Javert.

Quand Gavroche revient chez lui, il ne trouve personne, si ce n'est la vieille principale qui lui dit que toute sa famille se trouve en prison.

Quatrième partie : L'idylle rue Plumet et l'épopée rue St-Denis

Livre premier : Quelques pages d'histoire

Hugo s'attache dans ce livre à décrire le Paris de l'année 1832, et les différents personnages, en particulier le roi Louis-Philippe, et faits historiques qui conduisirent au climat particulier de cette année. Une insurrection, voire une révolution couve, et partout il est question de rejoindre la cause et d'armer le peuple.

Les amis de l'ABC apportent leur pierre à l'édifice en tentant de rallier à leur cause certains corps d'étudiants et de métiers voisins du *café Musain*. Chacun des personnages, que le lecteur a vu précédemment, a une tâche spécifique qui lui est assignée, et même Grantaire est chargé d'aller parler aux artistes et artisans de la barrière du Maine, Marius faisant défaut.

Livre deuxième : Éponine

Alors que les Thénardier sont en prison, ainsi que la bande de Patron-Minette, comme on l'a vu, diminuée de Montparnasse et de Claquesous qui s'est échappé mystérieusement pendant le transfert, Marius reprend sa vie de rêveur indigent. Il est toujours habité par le manque et l'espoir de Cosette, et au cours de l'une de ses promenades découvre un bel endroit appelé le champ de l'alouette. Il y retourne désormais chaque jour.

Pendant ce temps en prison, Brujon, un malin affilié à Patron-Minette, parvient à faire passer à Éponine par l'intermédiaire de Magnon un message. Il s'agit d'aller reconnaître un futur coup rue Plumet. Sur la confirmation d'Éponine, l'affaire ne se fera finalement pas.

La jeune fille va alors voir le père Mabeuf qui lui indique où trouver Marius.

C'est donc dans le champ de l'alouette qu'elle apparaît à Marius et lui annonce connaître l'endroit où Cosette réside. Marius, hors de lui, fait promettre à la jeune femme de ne pas révéler l'adresse à son père, et la suit vers le lieu tant rêvé.

Livre troisième : La maison de la rue Plumet

Ici, l'auteur revient sur l'établissement de Valjean et Cosette rue Plumet.

Après plusieurs années passées tranquillement sous le nom d'Ultime Fauchelevent, dans le couvent qui leur servit d'abri, Jean Valjean réalise que Cosette grandit, et qu'il serait égoïste de sa part de vouloir la retirer pour toujours à une vie qu'elle n'a même pas encore connue. Il profite donc de la mort du vieux Fauchelevent pour signaler son départ.

Le couple s'installe, avec une aide nommée Mme Toussaint, dans la maison de la rue Plumet. Cette maison avait appartenu à un président qui y cachait ses amours adultérins, et la rejoignait grâce à un passage invisible atteignant à la rue de Babylone. La maison à deux étages, habitée par Cosette et la Toussaint, est cachée par un jardin laissé à l'abandon, lui-même bordé d'une grande grille en fer forgé. Derrière, dans la cour, se trouve un petit appentis où Valjean élit domicile. Il achète également deux appartements, au cas où, dans des quartiers différents de Paris. L'ancien forçat est entre-temps, suite au recensement de 1831, devenu garde national, en raison des bienfaits du père Fauchelevent au couvent du Petit-Picpus.

Tous trois vivent dans un calme et une sérénité complète, tout juste ponctué par la traditionnelle promenade au Luxembourg que nous avons vue précédemment par les yeux de Marius. C'est justement à cette époque que Cosette commence à prendre conscience de sa beauté naissante, et devient coquette et aventureuse, au grand dam de son « père ». On voit l'idylle naissante entre Marius et Cosette du point de vue de l'adolescente, qui partage le trouble éprouvé secrètement par Marius.

Valjean finit par remarquer l'intérêt que porte le jeune homme à sa « fille », et décide de changer ses habitudes, comme on l'a vu, au grand désespoir des deux jeunes gens. Il ne se doute cependant pas que cet amour, car il faut bien l'appeler ainsi, est partagé.

À l'occasion d'une promenade matinale, notre couple croise un convoi de forçats. L'ancien bagnard et la jeune innocente sont choqués, pour des raisons évidemment bien différentes. Cosette, quelques jours plus tard, adresse alors cette question à son père : « Père, qu'est-ce que c'est donc que cela, les galères ? »

Livre quatrième : Secours d'en bas peut être secours d'en haut

Le lendemain du guet-apens que nous avons vu plus haut, Valjean paraît calme comme à son habitude au pavillon rue Plumet. Seule une grave brûlure (qu'il s'est infligée lui-même) témoigne de l'évènement de la veille. Il restera fiévreux plusieurs semaines, mais tirera de sa blessure le bénéfice des soins de Cosette.

Gavroche, de son côté, va faire un tour du côté du domicile de M. Mabeuf, avec l'intention d'y trouver à manger. Il se cache un instant au pied de la pierre où est assis le vieil homme, et surprend la conversation entre ce dernier et la mère Plutarque. Ils n'ont plus à manger, et d'argent pas davantage.

Gavroche, regardant du côté du chemin, est alors témoin de la scène suivante : Montparnasse suit un vieil homme et l'agresse pour le voler. Mais le vieil homme retourne la situation à son avantage, fait un long sermon au jeune voleur, et part en lui laissant sa bourse. Interloqué, Montparnasse ne remarque pas Gavroche qui se faufile derrière lui et lui vole la bourse, avant de la jeter aux pieds du père Mabeuf. Celui-ci pense à une intervention divine.

Livre cinquième : Dont la fin ne ressemble pas au commencement

Cosette commence peu à peu à oublier le jeune homme du Luxembourg. Cela fait près d'un an qu'ils ne se sont pas aperçus.
Jean Valjean, on l'a vu, fait parfois des voyages, généralement quand le ménage vient à manquer d'argent. Au cours d'un de ces voyages, d'une durée de trois jours, Cosette, restée seule avec la Toussaint, croit entendre un bruit de pas dans le jardin, la nuit. Le lendemain, l'expérience se reproduit, et la jeune fille sort dans le jardin : une ombre, aperçue au sol à côté de la sienne, disparaît quand elle se retourne. Elle s'en ouvre à son père quand celui-ci rentre. Inquiet, il monte la garde les deux nuits suivantes, et finit par trouver une explication rationnelle à ces phénomènes.
Un soir cependant, alors que Valjean est sorti, Cosette découvre une pierre ronde posée sur le banc qu'elle avait quitté quelques instants plus tôt. Certaine de la présence furtive d'un étranger, elle rentre, apeurée, se barricader. Le lendemain matin, elle trouve sous la pierre une lettre d'amour lui étant destinée. Elle en est bouleversée, et est persuadée que l'auteur en est le jeune homme du Luxembourg. L'émotion la submerge, elle glisse la lettre dans son corsage.
Le soir même, à l'heure où le soleil se couche, elle sort et va s'asseoir sur le banc de pierre. Elle sent la présence de quelqu'un, se retourne et tombe nez à nez avec Marius. Les deux amoureux se disent doucement leur amour et échangent un baiser.

Livre sixième : Le petit Gavroche

On en apprend plus sur la Magnon, ainsi que sur la famille

Thénardier.

La première, on s'en rappelle, avait eu deux garçons dont la paternité revenait au vieux M. Gillenormand, et pour lesquels celui-ci versait une généreuse pension à la Magnon, qui habite avec une anglaise vaguement criminelle appelée mamselle Miss.

De son côté la Thénardier, après Gavroche, avait eu deux autres fils, qu'elle aimait tout aussi peu que le premier infortuné.

Le destin de ces deux femmes se trouva mêlé quand les deux fils de la Magnon moururent de maladie le même jour, privant donc leur mère de la pension qu'elle percevait du père illégitime. Heureusement, la Thénardier, qui cherchait à se débarrasser de ses deux derniers fils, entendit cette histoire et proposa rien moins que de substituer ses rejetons aux deux cadavres, moyennant faible rétribution. La transaction arrangeait les deux parties, et fut donc faite. Les petits Thénardier devinrent donc les petits Magnon, au nez et à la barbe des institutions et de M. Gillenormand lui-même.

Suite à une descente de police, la Magnon est emmenée et a à peine le temps de donner une adresse à « ses » fils. Ceux-ci, laissés à leur sort, perdent le précieux papier et commencent à errer dans les rues de Paris. C'est alors que Gavroche les rencontre, et décide de s'occuper d'eux. Il les prend sous son aile et les mène le soir même à son repère, dans le ventre de l'éléphant de la Bastille en chantier, pour y passer la nuit, après avoir croisé Montparnasse.

Au milieu de la nuit, Gavroche est réveillé par un son significatif : c'est Montparnasse qui est venu le voir et lui demande de l'accompagner.

Pendant ce temps, Brujon, Gueulemer et Thénardier, en prison, conviennent d'un moyen de s'évader avec Babet qui, lui, est déjà dehors. Les deux premiers réussissent sans encombre, tandis que Thénardier y conçoit plus de difficultés, étant mis au secret. Il parvient tout de même à se retrouver hors de la prison sur une fine arrête d'un mur, mais ne peut pas en descendre. Ses trois compères, auxquels s'est ajouté Montparnasse, le retrouvent, et ce dernier court chercher Gavroche qui seul a la taille et l'agilité nécessaire au secours de son père.

Le jeune garçon arrive sur les lieux, constate qu'il s'agit de son père mais ne s'en émeut point, s'acquitte de sa mission. Le Thénardier n'aura même pas eu un regard pour son sauveur, et c'est Babet qui lui révèlera la chose, sans susciter chez son interlocuteur aucune surprise ni aucune émotion.

Livre septième : L'argot

Dans ce livre, Hugo se coupe un moment du récit des aventures de Gavroche et des autres personnages pour se pencher sur l'état de la société, et plus particulièrement sur la condition de ceux qu'ils appelle « les misérables ».

Il donne une longue, précise et documentée étude de l'argot, la langue du peuple, la langue des misérables, et s'interroge sur l'indignation des critiques et des lecteurs qui reprochent son utilisation aux auteurs tels que Balzac, Eugène Sue et lui-même.

Il décrit les origines de ce langage en constante évolution, et l'attribue en premier lieu aux « ténébreux », les voleurs et assassins, issus des jacqueries du Moyen Âge.

Il fait le lien entre la diffusion de l'argot comme langue du peuple et la révolution, et prouve que ce dernier revirement de l'histoire fait le peuple bon, et non sanguinaire.

Enfin il s'interroge sur l'avenir de la civilisation française du XIXe siècle, sur son destin, sur le fait que comme toute grande civilisation, elle est peut-être appelée à disparaître, telle Babylone, Thèbes, Rome. Il se demande quelle est « la part de suicide » dans ces désastres, et oppose les misérables aux égoïstes, les pauvres aux riches, s'interrogeant sur leur possible concomitance.

Livre huitième : Les enchantements et les désolations

Marius et Cosette se voient tous les soirs après vingt-deux heures, dans le jardin de la maison rue Plumet. Leur amour est si émerveillé qu'il est totalement chaste et secret. Personne ne connaît l'existence de cette idylle, ni Jean Valjean, ni la Toussaint, ni les amis de Marius.

Un soir, Marius croise sur son chemin Éponine, qui lui avait, on s'en souvient, indiqué l'adresse de Cosette et qui avait dissuadé Babet et sa bande d'y pénétrer. Elle tente une conversation avec Marius, mais ne sait que dire. Celui-ci, étourdi par son amour, a oublié tout ce qu'il lui doit. Leur entrevue est courte et se solde par le départ d'Éponine, qui fuit presque.

Le lendemain, Marius, qui se rend chez Cosette, voit Éponine venir à sa rencontre et s'en détourne. Sans qu'il s'en rende compte, la fille Thénardier le suit, se cache, et constate amèrement ce qui l'amène là tous les jours. Cachée dans son coin, elle aperçoit alors six hommes qui s'acheminent vers la maison rue Plumet. Il s'agit de Patron-Minette, accompagnée du Thénardier. Ils viennent pour cambrioler la maison, mais Éponine s'y oppose farouchement. Son père, qui ne l'avait pas vue depuis son emprisonnement, accepte alors la proposition de Montparnasse « d'en faire son affaire », mais Badet finalement décide de renoncer, et la bande de malfaiteurs quitte les lieux. La jeune fille les suit à distance.

Pendant ce temps, Marius et Cosette traversent une crise. Jean Valjean a annoncé qu'ils allaient sûrement partir en

Angleterre, d'ici une semaine. Marius est effondré, il fait le serment de ne pas survivre au départ de son aimée. Lui vient alors une idée, qui nécessite de ne revoir la jeune fille que le surlendemain. Avant de partir, il grave sur le mur son adresse, au cas où Cosette aurait besoin de l'y trouver.

Le lendemain soir, il se rend chez son grand-père, M. Gillenormand, qu'il n'a pas vu depuis leur brouille quatre ans auparavant. Alors que celui-ci se désespère de la visite de son petit-fils, il ne parvient pas à exprimer son bonheur de voir Marius. Ce dernier vient en fait lui demander l'autorisation de se marier. Le vieux Gillenormand, ravi d'être dans la confidence, lui donne à la place une coquette somme d'argent avec l'instruction de faire de Cosette sa maîtresse. Marius, insulté, quitte les lieux sans se retourner, au grand désespoir de son grand-père, qui s'enfonce dans la tristesse.

Livre neuvième : Où vont-ils ?

Jean Valjean est très préoccupé, non seulement par les évènements relatés plus tôt par Cosette et dont il ne connaît pas l'origine, mais également par les évènements politiques qui font de Paris une ville peu sûre pour un fuyard de son espèce. Ajouté à cela le fait qu'il a vu plusieurs fois Thénardier dans les parages, l'adresse gravée sur le mur découverte au matin, et le message « déménagez » reçu ce jour même alors qu'il méditait au Champ de Mars, et Jean Valjean rentre chez lui plus pensif que jamais.

Pendant ce temps, Marius, désespéré par son entrevue avec son grand-père, erre sans savoir où aller dans les rues de Paris. Il ne prête aucune attention à ses amis qui se rendent à l'enterrement du général Lamarque, et n'attend que l'heure à laquelle il ira voir Cosette. Une fois là-bas, il trouve la maison vide. Il est sur le point de mettre fin à ses jours quand une voix, qu'il croit être celle d'Éponine, lui indique que ses amis l'attendent à la barricade de la rue de la Chanvrerie.

M. Mabeuf quant à lui, a vu fondre ses dernières ressources, et ne mange plus que du pain et des pommes de terre. La vieille Plutarque tombée malade, il est obligé de vendre ses derniers livres pour lui offrir les médicaments. Il quitte finalement son domicile, sans livre sous le bras cette fois car il n'en a tout simplement plus, pour se rendre à Paris où il entend le bruit de combats.

Livre dixième : Le 5 juin 1832

Ce livre retranscrit la journée du 5 juin 1832, début de l'insurrection.

Celle-ci débute lors de l'enterrement du général Lamarque, aimé du peuple et de la foule. Contrairement aux émeutes habituelles, l'insurrection dont il est ici question est caractérisée par son nombre incroyable de participants, par son étendue, et par le calme qui règne dans la ville dans la nuit du 5 au 6 juin.

Livre onzième : L'atome fraternise avec l'ouragan

On apprend que Gavroche est « un gamin de lettres », et qu'il a probablement inventé les chansons qu'il chante à tue-tête dans les rues de Paris. Il est bien décidé à se mêler aux émeutiers, et à se battre à leurs côtés. Il trouve et vole, à cet effet, un pistolet dont le chien est manquant. Cela fait douze semaines que ses deux petits frères (sans qu'il le sache) ont trouvé refuge dans le ventre de l'éléphant. Il ne les a pas revus depuis.

Au marché Saint-Jean, Gavroche rejoint la bande d'Enjolras et Courfeyrac, en route pour les barricades, accompagnée du père Mabeuf, qui a décidé de les suivre après avoir été trouvé errant son chapeau à la main au hasard des rues.

Arrivés devant chez Courfeyrac, celui-ci monte à sa chambre récupérer un petit coffre. Un jeune homme maigre et mal mis, qui ressemble plus à une jeune femme qu'à un ouvrier, lui demande M. Marius. Courfeyrac répond qu'il n'est pas là, et la jeune personne vient grossir les rangs du groupe d'émeutiers.

Livre douzième : Corinthe

Alors qu'Enjolras, Bahorel, Combeferre et Courfeyrac battent le pavé, Joly, Laigle et Grantaire mangent et boivent dans un cabaret appelé Corinthe, rue de la Chanvrerie, dont l'auteur nous fait la description et l'histoire. Grantaire, comme à son habitude, se saoule autant que faire se peut, quand, vers le milieu de l'après-midi, Laigle aperçoit de la fenêtre où il se trouve le groupe d'émeutiers mené par Enjolras. Il leur demande ce qu'ils font, et s'entend répondre que ceux-ci cherchent à ériger une barricade. Laigle propose alors de la construire ici même, devant Corinthe, la configuration du lieu s'y prêtant idéalement. Tous mettent alors la main à la pâte, et deux barricades voient le jour, une petite rue Mondétour et une plus grande, à hauteur d'homme, devant le cabaret, les deux formant une véritable redoute.

Les émeutiers sont armés et continuent de fabriquer des balles dans le sous-sol du cabaret, en plus de celles qui leur sont distribuées à partir du coffre de Courfeyrac.

Gavroche remarque alors un grand homme recruté plus tôt par le groupe, et après l'avoir détaillé, reconnaît un agent de police, ou mouchard. Il le dénonce alors à Enjolras qui le fait saisir et attacher au sous-sol, et lui promet de le faire fusiller deux minutes avant que la barricade soit prise. Il s'agit de Javert.

Gavroche quant à lui est chargé de courir les rues et de rapporter des informations quant au déroulement de l'insurrection dans les rues voisines.

Quelques temps après le départ de Gavroche, un émeutier qui se fait appeler Le Cabuc tue un citoyen qui refusait de lui ouvrir sa porte. Enjolras le met à genoux et l'exécute alors froidement pour montrer que l'insurrection n'est pas l'anarchie. Il apparaîtra plus tard que Le Cabuc était en fait Claquesous.

Le jeune homme qui attendait Marius réapparaît alors à la barricade.

Livre treizième : Marius entre dans l'ombre

Sur le conseil de cette voix sortie de la nuit, Marius se rend rue de la Chanvrerie, combattre aux côtés de ses amis, puisque le désir de vivre l'a quitté avec Cosette. Le chemin jusque là ne se fait pas sans mal, la ville n'étant guère éclairée et les combattants des deux camps veillant un peu partout.

Finalement parvenu en vue de la barricade Mondétour, Marius s'assied un instant et hésite. Il pense à son père, combattant sous Napoléon, à l'horreur de la guerre civile par rapport à la guerre étrangère. Ces considérations le rendent un moment inconsolable. Mais finalement, un accès de bravoure et de lucidité le saisit, et il réalise que le combat pour la liberté n'est pas moins grand que celui pour la domination. Déterminé mais frémissant, il se tourne du côté de la barricade, et entrevoit le citoyen penché à sa fenêtre tué par Le Cabuc. Un filet de sang s'échappe du cadavre et coule jusqu'au premier étage.

Livre quatorzième : Les grandeurs du désespoir

Gavroche revient à la barricade, avec la nouvelle de l'arrivée des gardes nationaux. Tous se préparent pour le combat. La première salve blesse quelques combattants et abat le drapeau rouge qui flottait sur la barricade. Enjolras demande qui aura le courage de le relever. M. Mabeuf, qui jusque-là s'était tenu à l'écart comme endormi, se lève, monte sur la barricade, prend le drapeau, et au cri de « vive la République », se fait tuer. Enjolras en fait un martyr, ce vieil homme donnera du courage et servira d'exemple aux jeunes combattants.

Pendant qu'on s'occupe du cadavre du vieil homme dans le sous-sol de Corinthe, l'assaut est donné. Gavroche et Courfeyrac se trouvent en fâcheuse posture mais sont sauvés chacun par un tir : c'est Marius qui est finalement entré dans la bataille.

Alors que les soldats ont à moitié pris la barricade, Marius se saisit du baril de poudre et menace de faire sauter la barricade, lui-même et les nombreux soldats avec. Ces derniers se retirent, et Enjolras fait de Marius le chef des insurgés suite à cet acte de bravoure. Mais un combattant manque à l'appel : c'est Jean Prouvaire.

Enjolras prévoit d'échanger Javert contre Prouvaire, mais ce dernier est fusillé, cet acte condamnant le policier.

Mais pendant la bataille, Marius s'était vu couché en joue, et sauvé par une main qui boucha le canon et fut donc transpercée par la balle qui lui était destinée. Profitant d'une trêve pour s'éloigner quelque peu de la barricade, il découvre Éponine, mourante, qui lui avoue s'être sacrifiée pour lui. Elle lui remet une lettre contre la promesse d'un baiser sur le front une fois qu'elle sera décédée. Le lecteur comprend que c'est elle qui indiqua à Marius la barricade, qui donna à Valjean le billet « déménagez », qu'enfin, et ce sont ces dernières paroles, elle était un peu amoureuse de Marius.

Éponine morte, le jeune homme lit la lettre : c'est Cosette qui lui donne une adresse où la joindre avant son départ pour l'Angleterre. Certain de l'issue de la nuit, il écrit une lettre où il annonce avoir tenu sa promesse de mourir si elle part et la confie à Gavroche, qui a pour mission de la remettre à l'adresse indiquée. Celui-ci s'élance dans la nuit, persuadé de pouvoir livrer le pli et revenir à temps pour le combat.

Livre quinzième : La rue de l'Homme-Armé

Jean Valjean, Cosette et la Toussaint ont déménagé rue de l'Homme-Armé avant de s'embarquer pour l'Angleterre, sur la résolution de Valjean. Cosette est sombre et triste, Valjean inquiet.

Cosette, comme on l'a vu, a eu le temps d'écrire à Marius. Elle a laissé son buvard sur la commode du salon, sous le miroir. Jean Valjean, par le jeu du miroir, voit donc la lettre écrite par Cosette à Marius sur le buvard. Il n'en revient pas, et ne peut s'empêcher d'éprouver une haine sourde pour celui qui vient troubler son bonheur et lui ravir Cosette. Après avoir interrogé la Toussaint sur le lieu des combats, Valjean sort dans la rue.

Gavroche arrive dans la rue, la tête en l'air, cherchant l'adresse de livraison du pli que lui a confié Marius. Valjean lui parle, et comprend que Gavroche cherche son adresse, et fait immédiatement le lien avec la lettre qu'il porte. Il se dit le destinataire de la lettre, envoyé par Cosette pour la recevoir. Gavroche la lui confie, et s'en va.

À la lecture de la lettre, Valjean se rassure car il apparaît que le « gêneur » ne passera pas la nuit. Il sort cependant une heure après en habit complet de garde national, un fusil chargé à l'épaule, et se dirige vers les Halles.

Gavroche, sur le chemin du retour, trouve une charrue occupée par un ivrogne qui dort. Il s'en saisit, bien décidé à l'agréer à la barricade, et dépose le dormeur sur le pavé avec dans sa poche un mot notifiant une réquisition au nom de la République. Il rencontre alors quelques soldats et se trouve obligé de laisser la charrue pour sauver sa vie, et reprend son chemin vers Corinthe.

Cinquième partie : Jean Valjean

Livre premier : La guerre entre quatre murs

Hugo commence par évoquer la construction et la vie des barricades, en revenant sur deux exemples bien connus de la révolution de 1848 : la barricade Saint Antoine et la barricade du Temple.

L'aube commence à poindre sur la barricade de Corinthe, et les insurgés se préparent résolument à une prochaine et décisive attaque. Enjolras, parti en reconnaissance, revient avec de mauvaises nouvelles : le peuple de Paris ne suit pas les émeutiers. Tous résolvent de mourir à cette barricade, et ils décident de l'élever encore, pour prolonger la résistance.

Cependant, quatre costumes de gardes nationaux sont à pourvoir pour faciliter la fuite de ceux qui le désireraient. Aucun ne souhaite partir, tous désirant mourir pour la République. Combeferre réussit malgré tout à convaincre cinq hommes. Confronté à la tâche difficile de choisir qui restera, Marius est sauvé par Jean Valjean, qui jette son uniforme sur les quatre autres et rejoint les insurgés sans un mot.

Javert demande à être allongé sur une table, et aperçoit Jean Valjean qui l'observe.

Les troupes de gardes nationaux mettent en place une pièce

de canon. Les insurgés ripostent en tirant sur les canonniers. Alors qu'un boulet s'abat sur la barricade, Gavroche reparaît, enthousiaste à l'idée de prendre part aux combats. Marius lui demande s'il a bien remis la lettre, et lui désigne Jean Valjean en lui demandant s'il le connaît. Gavroche, qui ne l'avait vu que de nuit, répond que non.

La bataille continue, et Jean Valjean y prend part de loin, ayant soin de ne tuer personne par la précision de ses tirs.

Pendant ce temps, Cosette se réveille, et attend inlassablement un signe de Marius.

La compagnie qui avait tué Jean Prouvaire passe à l'attaque et est décimée presque dans sa totalité, au grand dam d'Enjolras qui souhaite économiser les balles, et dit qu'à ce rythme, dans un quart d'heure ils seront à court.

Gavroche, qui a entendu cette constatation, sort de la barricade, un panier à la main, et s'en va dépouiller les soldats morts de leurs gibernes et de leurs cartouches. Il est de ce fait exposé aux tirs ennemis, et après une longue danse entre les balles qui sifflent, il est finalement abattu. Marius et Combeferre s'élancent hors de la barricade, l'un ramenant Gavroche, l'autre son panier plein.

Alors qu'Enjolras prévoit de fortifier Corinthe et d'en faire une dernière retraite, Valjean, qui a refusé les cartouches qu'on lui tendait, demande la faveur d'exécuter Javert. Elle lui est accordée. Il l'emmène alors à l'écart, le libère, lui donne son adresse et Javert une fois parti, donne un coup de pistolet en l'air pour faire croire à l'exécution du policier.

Alors que Valjean revient à la barricade, c'est la bataille finale sur cette dernière. Les assauts se succèdent, tuant Laigle, Feuilly, Courfeyrac, Joly et Combeferre. Marius est blessé mais se bat vaillamment aux côtés d'Enjolras, sain et sauf. La fin est proche et les derniers combattants se replient à l'intérieur du cabaret, derrière Enjolras qui ferme la porte.

Marius, seul resté dehors, reçoit une balle dans la clavicule et s'évanouit. Il sent une main le saisir, et sa dernière pensée va à Cosette et au fait qu'il est fait prisonnier et qu'il sera fusillé.

Les soldats ont fini par réussir à pénétrer dans Corinthe, et ont atteint la salle de l'étage, où Enjolras seul leur fait face. Le silence se fait, Enjolras jette son arme et présente son torse au peloton qui se présente devant lui. Grantaire, qui cuvait non loin, est réveillé par ce silence. Il se réveille, rejoint son compagnon, et tous deux sont fusillés dans un sourire et une poignée de main.

Quant à Marius, c'est en fait Jean Valjean qui s'en est saisi, et qui l'emmène à l'écart. Ne pouvant fuir d'aucun côté avec ce fardeau, il aperçoit soudain sous la barricade arrière une grille descellée, couvrant un conduit étroit menant trois mètres en dessous du sol. Il s'y engouffre avec Marius en un éclair.

Livre deuxième : L'intestin de Léviathan

Hugo fait ici l'histoire et l'évolution des égouts de Paris, rendant ainsi hommage à l'un des principaux acteurs de leur assainissement et développement : Bruneseau.

Livre troisième : La boue, mais l'âme

Valjean, portant Marius inconscient, suit le cours d'eau des égouts vers le bas. Il pense ainsi rejoindre la ceinture extérieure et pouvoir sortir des égouts sans être vu. Alors qu'il semble prendre la bonne direction, il voit soudain au milieu de toute cette nuit son ombre se projeter devant lui. Il se retourne et aperçoit un rougeoiement à quelque distance derrière lui. C'est une équipe de policiers, à la recherche de fuyards. Par chance, après avoir déchargé une carabine par acquis de conscience dans sa direction, ils font demi-tour.

Pendant ce temps, sur les quais longeant le quartier dans le sous-sol duquel Valjean se trouve, un homme marche prestement, suivi à une certaine distance d'un autre, grand et boutonné jusqu'au menton dans sa redingote. Ces deux personnages sont bien connus du lecteur. Alors que la berge prend fin et que le suiveur est persuadé d'avoir acculé le suivi, celui-ci disparaît au détour d'un talus de gravats. Une porte fermée à double tour se trouve derrière. L'homme prend poste devant cette porte.

Dans le dédale des égouts, Valjean continue d'avancer, bien qu'il soit de plus en plus fatigué. Il tombe bientôt dans un fontis, sorte de sables mouvants faits d'eau et de vase. Alors qu'il est presque totalement englouti, son pied rencontre une dalle. Il peut remonter et sortir du piège boueux. Il continue alors son chemin vers la lumière qu'il entrevoit à présent, et qui signifie l'air libre et le bout de son périple. Arrivé là, il se trouve devant une porte-grille fermée et solide. Désespéré, il s'assied et pense à Cosette.

Soudain, une main se pose sur son épaule. Valjean reconnaît Thénardier, qui est le personnage poursuivi plus haut par l'homme à la redingote. Il propose à Valjean, qu'il n'a pas reconnu en raison de l'obscurité et de la crasse dont il est recouvert, de partager avec lui le butin de ce qu'il prend pour un assassinat, en échange de quoi il lui ouvre la porte. Valjean répond à peine, se laisse faire, donne à Thénardier tout l'argent qu'il possède et celui-ci lui ouvre la porte de la liberté.

Une fois dehors, Valjean se retrouve face à Javert. Il promet de se livrer sans résistance, mais demande à ramener Marius chez son grand-père, comme il est indiqué sur son portefeuille. Les deux hommes et le blessé montent en voiture et se dirigent vers la maison de M. Gillenormand. Ils y déposent Marius et s'en vont.

Valjean demande encore une faveur à Javert : celle de passer rapidement chez lui. Javert accepte, et laisse même Valjean entrer tout seul dans sa demeure, lui-même attendant sur le perron. Quand Valjean passe la tête par la fenêtre, il ne voit plus personne dans la rue : Javert s'en est allé.

Pendant ce temps, on a fait appeler un docteur chez M. Gillenormand. Alors que celui-ci soigne Marius, toujours inconscient mais semblant mieux respirer, le grand-père, réveillé, fait irruption dans la pièce et contemple, abasourdi, Marius allongé et couvert de blessures. Il entre alors dans un long monologue désespéré, persuadé qu'il est que Marius est mort et qu'il va le rejoindre. Au moment où il le traite en criant d'assassin, sûr que Marius est allé se faire tuer à la barricade par esprit de contradiction avec ses propres opinions politiques, celui-ci ouvre les yeux ; l'aïeul s'évanouit.

Livre quatrième : Javert déraillé

On retrouve Javert seul, aux prises avec ses réflexions et ses pensées. Jamais il n'avait envisagé de faire autre chose que suivre les ordres et œuvrer avec autorité pour l'État. La présence de Dieu dans son action envers Valjean, ce fugitif, le perturbe au plus haut point, et remet en question tout son système de valeurs, tout son mode de vie, jusqu'à la raison de son existence même.

Il se fait ces réflexions sur un pont, à un endroit où la Seine est tumultueuse et tourbillonnante. Il quitte soudain ce poste pour se diriger vers le commissariat le plus proche. Là, il prend une feuille et une plume et y écrit ses « observations pour le bien du service ». Une fois cette besogne accomplie, il retourne droit à l'endroit où il se tenait, pensif, le menton appuyé sur l'intérieur de ses mains.

L'instant d'après, si un observateur silencieux avait été présent aux alentours du pont, il aurait aperçu une ombre, debout sur le parapet, s'élancer dans le vide et disparaître dans les flots.

Livre cinquième : Le petit-fils et le grand-père

On retrouve Boulatruelle à Montfermeil, témoin des errements d'un homme dans la forêt jouxtant sa maison. Croyant reconnaître la silhouette, il le suit, puis l'instant d'après le perd de vue. Monté en haut d'un arbre, il l'aperçoit dans une clairière près d'un tas de pierres. Arrivé sur place quarante minutes plus tard, il constate à côté du tas de pierres un trou vide dans le sol. Le trésor a été emporté !

Chez M. Gillenormand, après quatre mois, Marius est tiré d'affaire, à la grande joie de son grand-père, et ne songe qu'à Cosette. Persuadé que ce dernier s'opposera toujours à lui dans ses projets de mariage, il a l'heureuse surprise de le voir en fait tout disposé à y convenir. Mieux : Cosette, par l'intermédiaire de Valjean, prend des nouvelles de Marius tous les deux jours, et M. Gillenormand, après que Marius l'a appelé trois fois « père », consent à lui amener la jeune femme sur le champ.

Suite aux retrouvailles émues des deux jeunes gens, l'aïeul demande à Valjean pour Marius la main de Cosette. Valjean acquiesce ; Cosette Fauchelevent, orpheline de père et de mère (d'après les démarches entreprises par Valjean) épousera le baron Marius Pontmercy. S'inquiétant de la fortune des futurs mariés, car lui est presque ruiné, M. Gillenormand se rassure quand Valjean déclare que Cosette a six cent mille francs. C'est là, le lecteur l'a compris, le trésor de Jean Valjean, enterré puis récupéré dans la forêt de Montfermeil.

Marius cependant est bien décidé à s'acquitter de la dette

morale qu'il a envers Thénardier et envers son sauveur de la barricade. N'étant plus certain que c'est bien M. Fauchelevent qu'il a aperçu à la barricade, il ne soupçonne à aucun moment Valjean d'être l'auteur de cet admirable dévouement, mais est prêt à tout pour retrouver cet homme, même à « donner ses six cent mille francs ». Valjean garde le silence. Quant à Thénardier, il a tout bonnement disparu.

Livre sixième : La nuit blanche

La nuit du 16 février 1833 est celle du mariage de Marius et Cosette. C'est également le jour de mardi gras à Paris, et la caravane de la noce croise celle, continue, de la mascarade. Parmi les masqués se trouvent Thénardier, qui reconnaît Jean Valjean et charge Azelma de découvrir où celui-ci loge.

Jean Valjean porte un bras en écharpe, suite à une blessure au pouce, et charge donc M. Gillenormand de signer les papiers légaux, en qualité de second tuteur de Cosette. Le soir de la noce, il disparaît avant le repas, et c'est Marius qui prend alors sa place aux côtés de Cosette et du grand-père.

Pendant que l'aïeul précédait ses vœux d'un interminable discours, Valjean rentrait rue de l'Homme-Armé seul, car la Toussaint appartient désormais à Cosette. Une fois isolé, il se saisit de la valise que Cosette appelle « l'inséparable » et en étale le contenu sur son lit. Il s'agit des vêtements qu'il avait achetés pour Cosette dix ans auparavant, quand il la tirait des griffes des Thénardier. Il s'effondre la face contre le lit, et se met à sangloter. S'ensuit une nuit terrible pour Valjean, qui se livre à nouveau l'un de ces combats intérieurs qui le maintient éveillé toute la nuit. Il se demande quel parti prendre, dire sa condition d'ancien forçat et quitter ce bonheur durable qui lui est offert, ou la taire et en profiter.

Livre septième : La dernière gorgée du calice

Arrivé tôt à la porte de la nouvelle maison de Cosette, Jean Valjean demande à voir Marius. Celui-ci arrive, encore tout émerveillé de sa nuit de noce, et se réjouit immédiatement de voir son beau-père. Jean Valjean lui révèle presque immédiatement et de but en blanc son vrai nom et son titre de forçat en rupture de ban. Il explique à Marius, totalement décontenancé, les raisons de sa confession, à savoir la simple honnêteté. Il estime ne pas avoir le droit de mêler sa sombre condition au bonheur pur des nouveaux mariés. Il se retirera, mais demande cependant à Marius le droit de voir Cosette de temps en temps. Marius promet de le laisser la voir tous les soirs, et de garder son secret pour lui.

Valjean parti, Marius se pose des questions : pourquoi s'être dénoncé de la sorte ? Comment un homme si sombre a-t-il pu faire germer une fleur de la pureté de Cosette ? Doit-il bannir cet être vil de sa vie ? Il se souvient alors que c'est bien lui qu'il avait vu à la barricade, et se remémore le meurtre de Javert.

Malgré toutes les raisons de considérer cet homme comme brave et bienfaisant, Marius ne peut réprimer une certaine répulsion, qui lui vient de sa formation d'avocat et de son rapport très convenu à la loi.

Livre huitième : La décroissance crépusculaire

Jean Valjean vient voir Cosette tous les soirs. Ces entrevues se font dans une pièce mal chauffée et mal éclairée du rez-de-chaussée. Cosette, même si elle ne comprend pas son père, accepte ces dispositions et consent même à l'appeler son M. Jean, sur sa demande. Toute à son bonheur de jeune mariée, elle ne pense pas à chercher les raisons d'un tel changement.

Valjean fait des visites de plus en plus longues, jusqu'à ce que Marius s'en aperçoive et lui fasse comprendre qu'il faut y mettre un frein, voire un arrêt. Pour cela, un jour, les fauteuils se trouvent éloignés de l'âtre où ils se trouvent habituellement, le lendemain ils sont absents de la pièce. Jean Valjean, compréhensif et honteux, cesse ses visites.

Petit à petit, il abandonne l'idée de voir Cosette, et ne sort plus que pour aller jusqu'au bout de sa rue, renonçant invariablement à aller plus loin, et revenant chez lui la mine triste.

Livre neuvième : suprême ombre, suprême aurore

Marius semble satisfait de cette situation et Cosette, même si elle envoie de temps en temps quelqu'un rue de l'Homme-Armé pour prendre des nouvelles de son père, ne s'en préoccupe que peu. Ce dernier fait toujours répondre qu'il est en voyage, et Cosette, connaissant ses habitudes, s'en satisfait.

Jean Valjean de son côté vieillit en accéléré. Il ne mange que très peu, à tel point que sa portière s'en inquiète et le fait visiter par un médecin. Celui-ci lui dit qu'il semble souffrir de la perte d'un être cher, et qu'on meurt de ces choses-là.

Un soir, se sentant extrêmement vieux et faible, il prend la plume et commence à écrire à Cosette une lettre qui ressemble à un testament. Il y explique comment il a honnêtement gagné les six-cent mille francs, et le procédé industrieux qui a permis cette somme. Il s'interrompt au milieu de sa lettre et laisse échapper la plume, bouleversé à l'idée de ne jamais revoir Cosette. À ce moment on frappe à sa porte.

Le même soir, Marius reçoit une lettre d'un certain Thénard qui lui dit connaître des secrets sur un individu le concernant. Le jeune homme reconnaît immédiatement l'écriture de Thénardier et le fait entrer. Celui-ci, déguisé, annonce à Marius qu'un assassin et un voleur habite chez lui, et qu'il s'appelle

Jean Valjean. Son interlocuteur répond qu'il sait déjà cela, que le volé s'appelle M. Madeleine et que l'assassiné est Javert, et donne cinq cent francs à Thénardier.

Celui-ci, surpris, mais sentant la possibilité de gagner encore plus, révèle à Marius la vérité : M. Madeleine n'est autre que Jean Valjean, et Javert s'est suicidé. Il avance comme preuve des coupures de journaux relatant ces faits et où il est dit que Javert avait laissé un mot expliquant qu'il devait la vie à un insurgé. Marius commence à entrevoir un certain éclaircissement, mais il n'est pas au bout de ses surprises.

Thénardier lui révèle alors l'épisode de l'égout, persuadé qu'il est que la personne que Valjean portait sur son dos était assassinée. Marius comprend alors que Valjean lui a sauvé la vie, et que c'est pour cela que celui qu'il prenait pour le père Fauchelevent était venu à la barricade. Il déduit que celui-ci avait intercepté son mot pour Cosette, et la suite des évènements. Tout s'éclaire, c'est un ingrat, il doit son bonheur et sa vie à cet homme qu'il a repoussé. Il congédie rapidement Thénardier, lui donnant au passage vingt-mille francs, et appelle Cosette. Tous deux se rendent sur le champ rue de l'Homme-Armé.

Thénardier, avec ses vingt-mille francs, embarque quelques jours plus tard avec Azelma pour l'Amérique où il devient négrier.

Le lecteur l'a compris, c'est bien Marius et Cosette qui frappent à la porte de Valjean, au moment où celui-ci sent la mort arriver. Les retrouvailles sont heureuses et tragiques à la fois. Jean Valjean, heureux et pardonné par tous, meurt après avoir fait à Cosette ses dernières révélations, et avoir fait promettre à Marius de bien la traiter.

Une simple pierre tombale, à peine taillée, aux environs de la fosse commune, témoigne au Père-Lachaise de l'existence de Jean Valjean. On n'y lit aucun nom, seulement ce quatrain :

Il dort. Quoique le sort fût pour lui bien étrange,
Il vivait. Il mourut quand il n'eut plus son ange ;
La chose simplement d'elle-même arriva,
Comme la nuit se fait lorsque le jour s'en va.

LES RAISONS DU SUCCÈS

À la sortie des deux premiers tomes en avril 1862, *Les Misérables* bénéficie déjà d'une immense publicité. Le livre est attendu depuis plusieurs mois, et la popularité d'Hugo fait que les Français se précipitent littéralement pour lire son dernier roman. Le dernier tome est publié le mois suivant, et obtient un succès tout aussi important, malgré certaines critiques sévères dans les journaux. Cette même année voit la publication de *Salammbô* de Flaubert, qui ne se gêne pas pour critiquer ouvertement le roman d'Hugo. Les frères Goncourt, également très critiques à l'égard de l'œuvre du poète, publient leur essai *La Femme au XVIIIe siècle*, et Baudelaire ses *Petits poèmes en prose*.

Ce qui fait le succès du livre, c'est avant tout, nous l'avons dit, la popularité de son auteur parmi le peuple français. Victor Hugo est partisan de l'abolition de la peine de mort, et son engagement politique se fait toujours en faveur des plus démunis et des plus faibles. Ainsi, dans son discours à l'Assemblée législative du 9 juillet 1849, Hugo appelle à la « destruction » de la misère : « Détruire la misère ! Oui, cela est possible. Les législateurs et les gouvernements doivent y songer sans cesse ; car, en pareille matière, tant que le possible n'est pas fait, le devoir n'est pas rempli. » Le socialisme qu'il prône en politique se retrouve directement dans ses romans, *Le Dernier Jour d'un condamné* et *Claude Gueux* en tête.

Le peuple aime Hugo car Hugo s'intéresse à lui, et si les romans réalistes très en vogue à cette époque et dont Hugo dit explicitement s'inspirer (il fait référence à Balzac et à Eugène Sue dans les premiers chapitres) cherchent à décrire fidèlement la vie des bourgeois et petits bourgeois, Hugo, lui, crée des personnages romantiques au sein du petit peuple parisien, des pauvres et des miséreux, et leur donne un destin tantôt funeste, tantôt heureux. Il donne espoir au peuple, et c'est d'ailleurs cette forme de démagogie que lui reproche, entre autres, Lamartine : « *Les Misérables* sont un sublime talent, une honnête intention et un livre très dangereux de deux manières : non seulement parce qu'il fait trop craindre aux heureux, mais parce qu'il fait trop espérer aux malheureux. »

Ainsi, la plupart des écrivains contemporains de Victor Hugo ont émis une critique négative. C'est le cas de Lamartine comme on vient de le voir, mais aussi de Flaubert : « Je ne trouve dans ce livre ni vérité, ni grandeur. Quant au style, il me semble intentionnellement incorrect et bas. » Baudelaire est élogieux dans la presse, mais très dur dans le privé, et dénonce un livre « immonde et inepte ». Barbey d'Aurevilly, s'il trouve que « le livre n'est point raté, et ce n'est pas une platitude », attaque néanmoins le style et les choix narratifs de Hugo : « M. Hugo, qui ne veut plus de l'art pour l'art, n'en a aucun dans sa manière de conter. Il y intervient incessamment de sa personne. » Outre ces attaques sur la forme du livre, on reproche également beaucoup à Hugo le caractère improbable de certains de ses personnages, particulièrement l'évêque Bienvenu, qui constitue pour la plupart des critiques une aberration historique, un évêque catholique n'allant jamais demander sa bénédiction à un régicide.

Ces nombreuses critiques, qu'elles soient positives ou négatives, font cependant le plus grand bien au livre, car dans tous les cas elles font parler de lui, et celui-ci est un immense succès populaire, traduit dans plusieurs langues dès sa sortie et remportant un succès triomphal à l'étranger.

LES THÈMES PRINCIPAUX

Le roman de Victor Hugo traite d'une très grande variété de sujets, eu égard à l'amplitude du texte et à la diversité des personnages. On peut cependant dégager quatre axes de lecture principaux qui définissent cette œuvre monumentale et qui résument les intentions de l'auteur. *Les Misérables* est à la fois une étude de société, un roman épique dans le sens historique du terme, une œuvre romantique où l'amour occupe une large place, et enfin un texte à la structure réaliste.

La motivation première d'Hugo, avec *Les Misérables*, est de réaliser une véritable fresque sociale de son temps, et par là de dénoncer les travers et les inégalités intrinsèques à la société française, et plus particulièrement parisienne du XIXe siècle. Il l'annonce clairement dans la préface : « Tant qu'il existera, par le fait des lois et des mœurs, une damnation sociale créant artificiellement, en pleine civilisation, des enfers, et compliquant d'une fatalité humaine la destinée qui est divine ; tant que les trois problèmes du siècle, la dégradation de l'homme par le prolétariat, la déchéance de la femme par la faim, l'atrophie de l'enfant par la nuit, ne seront pas résolus ; tant que, dans de certaines régions, l'asphyxie sociale sera possible ; en d'autres termes, et à un point de vue plus étendu encore, tant qu'il y aura sur la terre ignorance et misère, des livres de la nature de celui-ci pourront ne pas être inutiles. »

Le choix même du ou des héros va dans ce sens : Jean Valjean est un ancien forçat, condamné au bagne pour avoir volé un pain pour nourrir sa famille, la mère de Cosette, Fantine, meurt d'un mal attrapé en hiver alors qu'elle n'avait pas de logement et après avoir vendu ses dents, Gavroche est un gamin de la rue vivant de petits larcins à douze ans à peine. Tous ces personnages sont des caricatures de la pauvreté, et leur destin funeste est celui de la majeure partie du peuple français. Le questionnement même de Javert avant son suicide interroge la justice sociale et la prédominance de la morale sur la loi.

Le questionnement humaniste d'Hugo est le suivant : le mal, le vice, est-il dans la nature humaine ou résulte-t-il d'un état de la société ? Le livre, bien entendu, tend à prouver que c'est la deuxième raison qui est la vraie et cherche par la prise de conscience à corriger cet état de fait. La dimension philosophique des *Misérables* se trouve dans les longs monologues intérieurs des personnages où elle est explicite, mais est également présente en filigrane tout au long du roman.

Hugo fait de plus une peinture historique en situant son récit sur une période d'à peu près quinze ans, de 1815 à 1833. Il peut ainsi raconter, décrire comme dans une épopée les évènements de 1830 et de 1832, et revient largement par l'intermédiaire du passé de Thénardier et de certains personnages sur la Révolution et l'Empire avec le long récit de la bataille de Waterloo. Il évoque également certains faits historiques oubliés ou méconnus, comme dans le long passage sur l'assainissement et le développement des égouts de Paris, et dresse à grands renforts de noms un portrait de la société parisienne avec le livre intitulé *En l'année 1817*.

Certains des personnages, comme M. Gillenormand, sont les vestiges de l'ancien temps et s'accrochent à des idées royalistes. Hugo, profondément démocrate, se fait ici par cet intermédiaire le témoin privilégié du changement de mentalité qui s'opère dans la société française. Les emblématiques « amis de l'A B C » sont les archétypes de la France nouvelle, éduquée et farouchement libertaire, n'hésitant pas à se sacrifier pour la République. Les combats de rue rejoignent alors les combats de l'âme, et donnent au roman toute sa dimension épique.

Mais malgré la violence omniprésente de cette période historique, Hugo, dans un souci d'équilibre et de diversité, chante également un vibrant hymne à l'amour.

Plusieurs relations entre les personnages sont symptomatiques de cette volonté d'adoucir le récit, et peut-être de s'adresser à un large public. On pense tout d'abord bien sûr à l'*idylle rue Plumet* entre Cosette et Marius. Cette histoire d'amour est l'occasion pour Hugo de pratiquer un lyrisme romantique dans lequel il excelle, et offre au lecteur sa part de rêve et de bonheur. Dans la grande veine romantique, il distille une certaine dose de mysticisme en évoquant régulièrement le fait de Dieu, comme dans cette magnifique phrase : « L'amour, c'est la bêtise des hommes et l'esprit de Dieu. »

Mais l'amour s'exprime aussi chez les misérables de façon plus pathétique : ainsi l'amour de Fantine pour Cosette, ou celui, déçu, d'Éponine pour Marius.

C'est également le triomphe de l'amour paternel, avec le total dévouement de Jean Valjean pour Cosette et la conversion du grand-père Gillenormand par amour pour son petit-fils.

C'est enfin la preuve que l'homme, touché par la grâce de Dieu, est amour pour ses semblables : Valjean se métamorphose au contact de Monseigneur Bienvenu, et celui-ci demande la bénédiction d'un vieux conventionnel dans les premiers chapitres.

Pour finir, il faut bien sûr dire un mot de la précision, de la minutie avec laquelle Hugo décrit les personnages, leurs états d'âme, les lieux visités, les évènements traversés. Il fait preuve ici d'un immense talent réaliste, allant jusqu'à demander à des amis de vérifier la localisation de telle ou telle rue alors qu'il travaille à la rédaction du roman à Guernesey. La description de la partie champêtre qui nous présente Fantine est un véritable tableau impressionniste, les détails de la sordide masure Gorbeau plonge le lecteur au cœur du Paris reculé des années 1820, et les scènes de bataille sur les barricades placent le lecteur sous le sein exposé de Delacroix.

De même, le souci du détail dans les comptes de Thénardier donne une idée très précise du mode de vie du peuple, et le long chapitre sur l'argot parisien démontre une réelle volonté de situer son texte dans la réalité.

Par la diversité de ses thèmes et de son style, Hugo propose une œuvre multiple, susceptible de plaire à la fois à ses confrères écrivains et au peuple français. Ces derniers en tous cas ne s'y sont pas trompés, et le roman garde par son caractère populaire une étonnante intemporalité.

ÉTUDE DU MOUVEMENT LITTÉRAIRE

Victor Hugo est l'une des figures principales et historiques du romantisme français. Son combat pour faire évoluer la littérature, parallèlement à la société, vers plus de liberté, est symbolisé par l'épisode de « la bataille d'Hernani ». Lors de la première représentation de cette pièce en 1830, des heurts surviennent, provoquant par la suite une polémique opposant les partisans du classicisme d'un côté, et ceux du romantisme de l'autre, Hugo définissant sa pièce comme un drame romantique. Bouleversant les codes traditionnellement admis du théâtre en ne respectant point l'unité de lieu et l'unité de temps, Hugo contribue avec Théophile Gautier (qui portait ce soir-là un gilet rouge entré dans l'Histoire) à faire de cet événement l'acte fondateur du romantisme en France.

Le romantisme est avant tout un état d'esprit. Il s'agit de sonder son âme et d'exprimer ses sentiments, de donner la primauté à l'émotion, au moi profond. C'est un mouvement nouveau, un désir d'émancipation que l'on retrouve partout dans le peuple et dans l'histoire, symbolisé par la Révolution, en rupture totale avec le classicisme moribond des siècles passés. La liberté, l'amour, le moi sont des valeurs qui priment sur toutes les autres, y compris la vie. On est prêt à se sacrifier pour ses idéaux, pour son bonheur.

Les écrivains romantiques sont en contradiction avec les philosophes des Lumières, qui cherchent, grâce à leur raison, à expliquer, à analyser les faits historiques et les états de la société. Les romantiques, quant à eux, trouvent dans le sentiment, dans la beauté, notamment celle de la nature, une expression de l'infini que chaque être humain porte en lui, et cherchent avant tout à l'exprimer par des mots. Il ne s'agit pas d'analyser des faits de manière empirique, mais bien d'exprimer l'inexprimable, « un état de l'âme, le vague des passions », pour reprendre l'expression de Chateaubriand. On peut se faire une idée plus ou moins précise de ce que représente le romantisme avec la définition qu'en donne Baudelaire au Salon de 1848 : « Le romantisme n'est précisément ni dans le choix des sujets ni dans la vérité exacte, mais dans la manière de sentir. Ils l'ont cherché en dehors, et c'est en dedans qu'il était seulement possible de le trouver. Pour moi, le romantisme est l'expression la plus récente, la plus actuelle du beau. Il y a autant de beautés qu'il y a de manières habituelles de chercher le bonheur. La philosophie du progrès explique ceci clairement ; ainsi, comme il y a eu autant d'idéaux qu'il y a eu pour les peuples de façons de comprendre la morale, l'amour, la religion, etc., le romantisme ne consistera pas dans une exécution parfaite, mais dans une conception analogue à la morale du siècle. [...] Il faut donc, avant tout, connaître les aspects de la nature et les situations de l'homme, que les artistes du passé ont dédaignés ou n'ont pas connus. Qui dit romantisme dit art moderne, – c'est-à-dire intimité, spiritualité, couleur, aspiration vers l'infini, exprimées par tous les moyens que contiennent les arts. »

Mais l'œuvre d'Hugo, et particulièrement *Les Misérables*, comporte également une grande dimension réaliste. En effet la préoccupation principale des écrivains réalistes est de chercher à décrire au plus proche du réel, sans fioritures et avec le maximum d'objectivité et de détails, les conditions de vie des basses classes de la société. Les personnages des *Misérables* sont quasiment tous pauvres, allant de la classe moyenne étudiante (les amis de l'A B C) à l'indigence la plus violente (la famille Thénardier dans la masure Gorbeau).

Ainsi on trouve chez Hugo, comme souvent chez Zola, ces reproductions de factures détaillées qui permettent d'appréhender concrètement la façon dont les personnages gèrent leurs finances. On comprend d'ailleurs vite que l'argent justement est le principal sujet de questionnement dans ces classes, alors que chez les bourgeois ou les nobles, l'amusement et les relations sont davantage mis en valeur. Les romans réalistes sont donc souvent considérés comme des romans sombres, à juste titre puisqu'ils traitent principalement des difficultés de vivre, voire de survivre, rencontrées par les classes populaires.

En ce sens, *Les Misérables*, qui suit les tribulations d'un ancien bagnard luttant perpétuellement pour sa survie et le bien-être d'une pauvresse orpheline, qui permet au lecteur d'intégrer toutes les basses franges de la société parisienne du début du XIXe siècle, qui met en relation des voleurs avec des mendiants, des étudiants avec des vieillards, peut être considéré comme un chef d'œuvre de la littérature réaliste, annonciateur d'un mouvement qui trouvera sa quintessence quelques décennies plus tard avec Émile Zola et le naturalisme.

DANS LA MÊME COLLECTION
(par ordre alphabétique)

- **Anonyme**, *La Farce de Maître Pathelin*
- **Anouilh**, *Antigone*
- **Aragon**, *Aurélien*
- **Aragon**, *Le Paysan de Paris*
- **Austen**, *Raison et Sentiments*
- **Balzac**, *Illusions perdues*
- **Balzac**, *La Femme de trente ans*
- **Balzac**, *Le Colonel Chabert*
- **Balzac**, *Le Lys dans la vallée*
- **Balzac**, *Le Père Goriot*
- **Barbey d'Aurevilly**, *L'Ensorcelée*
- **Barbey d'Aurevilly**, *Les Diaboliques*
- **Bataille**, *Ma mère*
- **Baudelaire**, *Les Fleurs du Mal*
- **Baudelaire**, *Petits poèmes en prose*
- **Beaumarchais**, *Le Barbier de Séville*
- **Beaumarchais**, *Le Mariage de Figaro*
- **Beauvoir**, *Mémoires d'une jeune fille rangée*
- **Beckett**, *Fin de partie*
- **Brecht**, *La Noce*
- **Brecht**, *La Résistible ascension d'Arturo Ui*
- **Brecht**, *Mère Courage et ses enfants*
- **Breton**, *Nadja*
- **Brontë**, *Jane Eyre*
- **Camus**, *L'Étranger*
- **Carroll**, *Alice au pays des merveilles*
- **Céline**, *Mort à crédit*
- **Céline**, *Voyage au bout de la nuit*

- **Chateaubriand**, *Atala*
- **Chateaubriand**, *René*
- **Chrétien de Troyes**, *Perceval*
- **Cocteau**, *Les Enfants terribles*
- **Colette**, *Le Blé en herbe*
- **Corneille**, *Le Cid*
- **Crébillon fils**, *Les Égarements du cœur et de l'esprit*
- **Defoe**, *Robinson Crusoé*
- **Dickens**, *Oliver Twist*
- **Du Bellay**, *Les Regrets*
- **Dumas**, *Henri III et sa cour*
- **Duras**, *L'Amant*
- **Duras**, *La Pluie d'été*
- **Duras**, *Un barrage contre le Pacifique*
- **Flaubert**, *Bouvard et Pécuchet*
- **Flaubert**, *L'Éducation sentimentale*
- **Flaubert**, *Madame Bovary*
- **Flaubert**, *Salammbô*
- **Gary**, *La Vie devant soi*
- **Giraudoux**, *Électre*
- **Giraudoux**, *La Guerre de Troie n'aura pas lieu*
- **Gogol**, *Le Mariage*
- **Homère**, *L'Odyssée*
- **Hugo**, *Hernani*
- **Hugo**, *Les Misérables*
- **Hugo**, *Notre-Dame de Paris*
- **Huxley**, *Le Meilleur des mondes*
- **Jaccottet**, *À la lumière d'hiver*
- **James**, *Une vie à Londres*
- **Jarry**, *Ubu roi*
- **Kafka**, *La Métamorphose*
- **Kerouac**, *Sur la route*
- **Kessel**, *Le Lion*

Lightning Source UK Ltd.
Milton Keynes UK
UKHW030700021122
411507UK00004B/287

9 782759 313365